MÜNSTERSCHWARZACHER KLEINSCHRIFTEN

herausgegeben
von den Mönchen der Abtei Münsterschwarzach

Band 112

Guido Kreppold

Selbstverwirklichung oder Selbstverleugnung?

VIER-TÜRME-VERLAG MÜNSTERSCHWARZACH
1998

Guido Kreppold

Selbstverwirklichung oder Selbstverleugnung?

VIER-TÜRME-VERLAG MÜNSTERSCHWARZACH
1998

Die Deutsche Bibliothek – CIP-Einheitsaufnahme
Kreppold, Guido:
Selbstverwirklichung oder Selbstverleugnung?
1. Aufl. – Münsterschwarzach : Vier-Türme-Verl., 1998
  (Münsterschwarzacher Kleinschriften ; Bd. 112)
  ISBN 3-87868-612-9
NE: GT

2. Auflage 1999
Gesamtherstellung: Vier-Türme GmbH, D-97359 Münsterschwarzach Abtei
© by Vier-Türme GmbH, Münsterschwarzach Abtei
ISSN 0171-6360
ISBN 3-87868-612-9

INHALT

Selbstverwirklichung oder
Selbstverleugnung? 7

1. Selbstverwirklichung als Reizthema 7
   Aber ist das schon die ganze Wahrheit? 9

2. Selbstverwirklichung in der Psychologie 11
   2.1. Auf der Suche nach Sinn 11
   2.2. „Der sich voll entfaltende Mensch"
        bei Carl Rogers 14
        Was bringt persönliches Wachstum? ... 17
        Wie christlich ist die humanistische
        Psychologie? 18
   2.3. Selbstverwirklichung bei C. G. Jung 24
        Die Natur des Menschen ist geistig 24
        Sinn als Ziel der Therapie 25
        Der halbe und der ganze Mensch 27
        Individualisierung und kein Ende? 28
        Alle sollen so denken wie ich! 30
        Aufstand gegen die Tradition 32
        Zum Kind werden und doch
        erwachsen sein 34
        Je mehr ich ich selbst bin,
        um so mehr bedeute ich anderen 34
        Wir sind gelenkt von einem Punkt
        in uns 39

**3. Selbstverwirklichung
    und Nachfolge Jesu** 41
   Mißverständnisse 41

Imitation oder Inspiration? ... 44
Nachfolge – ein durch Christus angeregter Prozeß ... 47
Spontaneität zum Guten ... 50
Wo bleibt die Selbstverleugnung? ... 54
„Der andere ist an meinem Unglück schuld"? ... 56
Die Feindbilder überprüfen ... 57
Ohne Selbstverleugnung geht es nicht ... 62
Niemand kann mich daran hindern, mich selbst zu verändern ... 64
Nachfolge ist Bewußtheit – nicht Blindheit ... 65
Weiß man, was man sagt? ... 68

4. Macht die Lehre Jesu neurotisch? ... 73
Kritik am Christentum ... 73
Die Lehre Jesu: Überforderung oder Entlastung? ... 74
Der sympathische Jesus: der Befreier vom Gesetz und der Freund der Menschen ... 75
Der andere Jesus ... 76
Muß man Gefühle unterdrücken? ... 79
Die Erlösung der Gefühle ... 82
Der Archimedische Punkt ... 85
Die Mystik kann uns weiterhelfen ... 87
Anmerkungen ... 89

SELBSTVERWIRKLICHUNG ODER SELBSTVERLEUGNUNG?

1. Selbstverwirklichung als Reizthema

„Selbstverwirklichung" scheint in kirchlichen Kreisen ein Reizwort zu sein, denn für viele ist es gleichbedeutend mit **schrankenlosem Egoismus** ohne Rücksicht auf die Folgen. Es gibt genug Beispiele aus der näheren und weiteren Umgebung.
Da ist eine junge Frau mit zwei Kindern, die ihren Mann verläßt, weil sie Freiheit für die eigene Entfaltung braucht. So wird es von außen gesehen. „Selbstverwirklichung", sagen die Verwandten.

Ein Mann ist ratlos und fast verzweifelt, weil seine Frau mit drei kleinen Kindern noch eine Berufsausbildung machen will, obwohl das Geld für die ganze Familie gut reicht.
Ein anderer Mann hat neben seiner Ehefrau eine Freundin; er brauche dies zu seiner Selbstverwirklichung, meint er.
Eine junge Ordensfrau verläßt das Kloster. Sie sagt, jetzt spüre sie, was Leben ist; dies sei wichtig zur Selbstfindung.
Vorkommnisse dieser Art werden wir in unserer Umgebung häufig finden, vielleicht sind wir sogar selbst betroffen.
Außenstehenden, die noch in kirchlichen Kategorien denken, fällt es nicht schwer, Partei für die jeweils leidende Seite zu ergreifen.
Ein großer Teil der Menschen unserer Tage ist jedoch aus dem vorgegebenen Rahmen der traditionellen Moral, aber auch der Sinnerfahrung herausgefallen.

„Der moderne Mensch will unhistorisch sein", sagt Jung, „er will wissen, was eigentlich an den Dingen ist"[1]. Er will mit seinem Leben bzw. mit neuen Lebensformen experimentieren. Er will die volle Autonomie, er will sich von niemandem, vor allem nicht von der Kirche, dreinreden lassen, wenn es um Werte und Überzeugungen geht. Er will sie aus *sich **selbst holen***, eben im Rahmen der Selbstverwirklichung.

Ist hier größtes Mißtrauen angebracht, oder gibt es Autonomie, Entfaltung der Persönlichkeit, Selbstverwirklichung, die dem christlichen Grundanliegen durchaus nahe kommen kann?

Es ist keine Frage, daß man nicht einfach seiner Lust und Laune nachgeben darf, aber kann beispielsweise ein einmal gegebenes Versprechen so bindend sein, daß Menschen womöglich daran verkümmern oder sogar zerbrechen müssen?

Verschiedene Worte Jesu machen den Gegensatz deutlich. Wir lesen bei Matthäus: „Wer mir nachfolgen will, verleugne sich selbst, nehme sein Kreuz auf sich, so folge er mir nach. Denn wer sein Leben retten will, wird es verlieren; wer aber sein Leben um meinetwillen verliert, wird es finden" (Mt 16, 24f).

Nimmt man diese Sätze wörtlich, fordert Jesus eindeutig Selbstverleugnung; das bedeutet: eigene Wünsche und Gefühle um eines hohen Wertes willen, nämlich des Reiches Gottes wegen, zurückzustellen. Wenn man unter Selbstfindung und Selbstverwirklichung versteht, aufsteigenden Impulsen nachzugeben, damit das Leben leichter, interessanter und abwechslungsreicher wird, dann schließen Selbstverwirklichung und Nachfolge Jesu einander eindeutig aus.

Aber ist das schon die ganze Wahrheit?

Was sagen wir zu dem Vorwurf, das Christentum sei lebensfeindlich, es unterdrücke die wirklichen Gefühle, es verlange Unterordnung und Unterwerfung um jeden Preis, es verhindere Lebensfreude und die Entfaltung der Persönlichkeit?
Viele haben im Laufe ihrer Lebensgeschichte den christlichen Glauben nur auf diese Weise kennengelernt.
Aber so fragen viele:
Warum sollen Ehepartner zusammenbleiben, wenn die Liebe *gestorben* ist? Warum soll sich eine Frau nicht rechtzeitig um berufliche Weiterbildung kümmern, damit sie eine sinnvolle Tätigkeit annehmen kann, wenn die Kinder aus dem Haus gehen?
Derlei Themen sind existentiell äußerst wichtig; sie können über Glück oder Unglück, über ein erfülltes oder nichterfülltes Leben, oft sogar über das Schicksal der nächsten Generation entscheiden. Nicht mehr die durch die Tradition vorgegebenen Rollen der Frau und des Mannes, auch nicht die Meinung der Kirche bestimmen, wie das Leben in den nächsten 20 oder 30 Jahren verlaufen wird, sondern der einzelne Mensch selbst. Es sind nicht nur Freiheitsdrang und Willkür am Werk, vielmehr ist es dem einzelnen sogar aufgetragen, innerhalb seiner persönlichen Gegebenheiten nach der besten Lösung, das heißt nach einer Möglichkeit sinnvollen Lebens zu suchen.

2. Selbstverwirklichung in der Psychologie

Häufig wird gegen die Psychologie der Vorwurf erhoben, sie sei schuld an einem allgemeinen moralischen Niedergang; durch sie sei ja das Thema der Selbstverwirklichung in die breite Öffentlichkeit gelangt. Es sei ja zu beobachten, daß sich viele Frauen und Männer nach einem Selbsterfahrungskurs, nach einer psychologischen Beratung oder im Laufe einer Psychoanalyse von ihren Ehepartnern trennen und daß noch viel anderes Unheil geschehe. In einer sonst recht aufgeschlossenen und kritischen kirchlichen Wochenzeitung wurde sogar behauptet, daß der Tiefenpsychologe C. G. Jung eine satanische Selbstverwirklichung gegen Gott angestrebt habe. Es ist offenkundig, daß die Mißverständnisse und die Verwirrung um das Thema Psychologie und Selbstverwirklichung zum Teil sehr groß sind. Deshalb sollen hier zwei Richtungen dieses Faches, nämlich die humanistische Psychologie und die analytische Psychologie C. G. Jungs etwas näher dargestellt werden.

2.1. Auf der Suche nach Sinn

Die humanistische Psychologie ist die maßgebende Therapieform in der Mitte des 20. Jahrhunderts in Amerika. Ihre wichtigsten Vertreter sind Charlotte Bühler, Rollo May, Abraham Maslow, Ruth Cohn, Carl Rogers und Erich Fromm. Sie setzen sich von der Psychoanalyse Sigmund Freuds ab, weil ihnen dessen Menschenbild zu pessimistisch ist. Ihr Grundanliegen ist, die Sinn- und Werteproblematik des modernen Menschen aufzugreifen, sie möchten ihm ganz einfach leben helfen. Stichworte sind Intentionalität und Kreativität. Das bedeutet: Damit das Leben einem Menschen sinnvoll erscheint, muß es auf ein Ziel ausgerichtet sein, und es braucht dazu schöpferisches Tun.

Im Mittelpunkt steht der Begriff „Selbstaktualisierung", was nichts anderes meint, als das je Eigene in die Wirklichkeit umzusetzen. Es geht den genannten Psychologen keineswegs um schrankenlosen Egoismus, sondern um die Entfaltung der inneren Natur des Menschen. Bei Maslow heißt es: „Musiker müssen Musik machen, Künstler malen, Dichter schreiben, wenn sie sich tatsächlich im Frieden mit sich selbst befinden wollen. Was ein Mensch sein kann, muß er sein. Dieses Bedürfnis bezeichnen wir als Selbstverwirklichung"[2]. Der genannte Psychologe legt vor allem Wert darauf, daß wir uns von den Gegebenheiten der Umwelt nicht so irritieren lassen, daß wir dabei krank werden, sondern daß wir unser Leben bewußt in die Hand nehmen, auf die richtigen Anstöße achten und ihnen im Rahmen unserer Möglichkeiten nachgehen. Alles entscheidet sich an der *inneren Natur*; gemeint sind die aufsteigenden Impulse, die den Menschen bestimmen.

Nach den heute am meisten propagierten Leitideen verlangt anscheinend jeder Unabhängigkeit, Konsum und Genuß. Dabei sollten wir uns jedoch die Frage stellen:

Ist der Mensch seinem Wesen nach ein Bündel von Trieben, die man nur mühsam in Balance halten kann, oder übersteigt eine geistige Substanz das Materielle und das Vitale? Oder trägt er sogar das Bild Gottes in sich, wie es unserer christlichen Auffassung entspricht und wovon der Tiefenpsychologe C. G. Jung überzeugt ist? Daß Selbstverwirklichung im Sinne der humanistischen Psychologie mehr ist als leichtsinnige Selbstbezogenheit und Laune, darauf weisen die Kriterien hin, die Abraham Maslow für den sich selbstverwirklichenden Menschen fordert, nämlich: *eine feste Identität und Ganzheit und Einheit der Person.*

Konkret heißt das: Ein Mensch mit innerer Einheit kann „nein" sagen und sich abgrenzen, er kann sich auch auf Nähe einlassen und ist zu dauerhaften emotionalen Beziehungen fähig. Er kann Gefühle bei sich und bei anderen wahrnehmen und vernünftig damit umgehen. Er vermeidet die beiden Extreme: einerseits das einer emotionalen Erstarrung und Austrocknung, wo er alles, was mit innerer Befindlichkeit zu tun hat, für unwesentlich erklärt und unterdrückt; andrerseits eine Überschwemmung von Emotionen, in denen man sich auflösen kann. Beides birgt die Gefahr, in einer Partnerschaft oder im Menschsein als solchem zu scheitern. Es geht also um Erlebnis- und Liebesfähigkeit, in der die eigene Identität gewahrt bleibt.

Wie wichtig eine feste Identität für das Gelingen einer Partnerschaft ist, zeigen immer wieder die Geschichten von zerbrochenen Ehen. Außenstehenden erscheint es oft unerklärlich, wie Menschen, die gerade noch im Glück der gemeinsamen Nähe und Verbundenheit schwelgten, nach kurzer Zeit einander als Last und Bedrohung und die Trennung sogar als Erleichterung empfinden. Der Grund liegt ziemlich eindeutig in einem Mangel an Identität des einzelnen, ein Zustand, der auch symbiotische Verschmelzung genannt wird. Dies ist dann gegeben, wenn ein Partner von der Substanz des anderen, von dessen Zuwendung, Wohlbefinden und Erfolg lebt. Wenn nun in ihm eine eigene Entwicklung einsetzt, dann wird der andere als beherrschend, einengend und bevormundend erfahren, und der seelische Organismus stößt alles ab, was seiner Eigendynamik im Weg steht – und sei es auch die vor kurzem noch so hoch geschätzte Liebe des anderen. Hinter dem Drang nach Unabhängigkeit, nach „Selbstverwirklichung", verbirgt sich der berechtigte Impuls der Suche nach der eigenen Identität.

2.2. „Der sich voll entfaltende Mensch" bei Carl Rogers

Von den Vertretern der humanistischen Psychologie ist im kirchlichen Raum Carl Rogers am meisten bekannt. Er kommt mit seiner Forderung der *bedingungslosen* Wertschätzung, welche der Therapeut dem Klienten gegenüber aufzubringen hat, dem Auftrag Jesu von der Liebe (vgl. Mk 12, 31, Mt 19, 19) und der Grundauffassung vom Reich Gottes als einem Prozeß des Wachstums (vgl. Mk 4, 1–34) am nächsten. Er spricht von „personal growth", also vom Wachsen oder Werden der Persönlichkeit. Voraussetzung dafür sind allerdings optimale Bedingungen, die wir als urchristlich bezeichnen könnten.
Sein 1953 veröffentlichter Aufsatz mit dem Titel: „Der Begriff des sich voll entfaltenden Menschen"[3] war der Versuch, das Bild eines Menschen zu entwerfen, der aus einer maximal erfolgreichen Therapie hervorgehen würde.
Rogers entwickelt in einer Art Utopie das Ideal eines guten Therapeuten. Dieser müsse sich voll und ganz in die Beziehung einlassen, frei und unverkrampft. Er sollte nur darauf bedacht sein, ein Klima zu schaffen, das dem Klienten die *äußerste Freiheit ermöglicht*, er selbst zu werden.
Beim Klienten werde die optimale Einstellung des Therapeuten folgendes bewirken: Er werde

zunehmend die ihm noch fremden, unangenehmen und gefährlichen Gefühle entdecken. Erst unter der Voraussetzung des vollen Akzeptiertwerdens, des uneingeschränkten Interesses, der vollen Aufmerksamkeit von seiten des Therapeuten lernt er Elemente seiner Erfahrung kennen, die in der Vergangenheit dem Bewußtsein vorenthalten wurden, d.h. unbewußt waren; welche er nicht anschauen wollte, weil sie zu beschämend, zu unangenehm, zu bedrohlich waren. Das Entscheidende ist, daß er diese dunklen Seiten seiner Persönlichkeit hier und jetzt erlebt und zulassen kann, aber trotzdem das Gefühl hat, wertvoll zu sein.

Am Beispiel von Erwachsenen, die als Kinder sexuell mißbraucht wurden, kann dieser Prozeß verdeutlicht werden.

Frauen, mehr noch Männer, haben große Hemmungen darüber zu reden; es wirkt immer noch die Mißachtung und Ausbeutung nach, die sie als Kinder erfahren mußten. Weil die Grenzen der jungen Persönlichkeit nicht gewahrt wurden, ist es eine allgemeine Unsicherheit in den Gefühlen und mangelnde Selbstsicherheit, die ihnen zu schaffen macht.

In einer gelösten und wohltuenden Atmosphäre erleben sie, daß Gefühle, die bisher so peinlich waren – Ohnmacht und Erniedrigung, Schmerz, Zorn, Wut wegen der erlittenen, so lange nachwirkenden Lebensbeeinträchtigung –, berechtigt sind; daß sie zugelassen werden dürfen und heraus müssen und daß dies befreit. Neue, bisher wenig bekannte Elemente ihres Inneren – wie Vertrauen, Hoffnung, Zuversicht – steigen allmählich auf, und so ereignet sich langsam, beinahe unmerklich, aber doch stetig, eine Veränderung in ihnen selbst und ihren Mitmenschen gegenüber.

Rogers sagt aufgrund seiner Erfahrung: Unter den genannten Voraussetzungen entdeckt der Mensch sein wahres Wesen, und dieses nennt er das „gute Leben". Es ist ein Prozeß, es ist im Werden und kein endgültiger Zustand.

Rogers geht – dabei beruft er sich immer wieder auf seine Erfahrung – von der Annahme aus, daß die menschliche Natur, also jeder Mensch, *grundsätzlich* vertrauenswürdig ist. Man brauche nicht zu fragen, wer ihn sozialisieren (d.h. erziehen), an das Zusammenleben anpassen werde. Denn, so Rogers, eines seiner Grundbedürfnisse bestehe darin, sich anderen anzuschließen und mit ihnen zu kommunizieren.

„Wir brauchen nicht danach zu fragen, wer seine aggressiven Impulse kontrollieren wird; denn wenn er für alle seine Impulse offen wird, werden seine Bedürfnisse, von anderen geliebt zu werden, und seine Tendenz, Zuneigung zu zeigen, genau so stark sein wie seine Impulse, zuzuschlagen und in Beschlag zu nehmen."

Sein Verhalten wird ausgewogener und realistischer, je offener er für die Erfahrung seiner Natur wird.

Rogers hält nichts von der Auffassung, daß der Mensch von Grund auf irrational, d.h. böse sei. Er geht von einem rationalen Kern aus, der sich entwickeln möchte.

Das Tragische ist, daß uns Abwehrmechanismen vom wahren Selbst trennen. Abwehrmechanismen hat der Organismus aufgebaut, um sich vor Verletzungen und Schaden zu schützen. Grundlegende Erfahrungen wirken lange nach, beispielsweise die Erfahrung: wenn ich sage, was ich denke oder will, werde ich bestraft, entwertet, lächerlich gemacht; oder: mir hat noch niemand ernsthaft zugehört; oder: mich hat noch nie jemand in den Arm genommen. Erst eine Gegenerfahrung, eben die der bedingungslosen Annahme, kann diesen Fluch lösen.

Was bringt persönliches Wachstum?
Persönliches Wachstum führt ganz allgemein zu einem breiteren Raum und einer größeren Fülle als das eingeengte Dasein, das die meisten führen. Es geht um dichteres, intensiveres und offeneres Leben. Klienten, die in der Therapie Fortschritte erzielt haben, werden sensibler für Gefühle sowohl in der Wahrnehmung des *Schmerzes* als auch der *Freude*; sie empfinden *Ärger* deutlicher und tiefer ebenso die *Liebe*; sie wissen um die Angst wie um den Mut, sie zu überwinden. Als Grund für ein erfülltes Leben nennt Rogers die *fundamentale Zuversicht zu sich selbst* als zuverlässiges Instrument der Begegnung mit dem Dasein.
Rogers hält wenig von Adjektiven für ein gutes Leben wie: glücklich, zufrieden, glückselig; die passenden Worte sind eher: ***bereichernd, anregend, lohnend, herausfordernd, bedeutungsvoll***. Der Prozeß des guten Lebens ist kein Leben für Kleinmütige. Es geht nämlich um ein ständiges Ausdehnen und Wachsen, um Entwicklung zu einem Sein, in dem man zunehmend seine eigenen Möglichkeiten ist (und nicht nur ständig davon träumt und damit dem Hier und Jetzt entflieht). Es bedeutet, sich voll in den Strom des Lebens hineinzubegeben.
Rogers stellt fest: Wenn das Individuum innerlich frei ist, wählt es von selbst das „gute Leben", den Prozeß des Werdens.
Im Verlaufe seiner Tätigkeit als Therapeut wurde diese Theorie bestätigt. In seinen Gruppen hat er einen Typus von Menschen ausgemacht, die wach sind für existentielle Vorgänge und Entwicklungen; die sich für einfacheres Leben entschieden

haben, die echt sein wollen und bereit sind, neue Ideen aufzunehmen, insofern ihr Leben dadurch sinnvoller und wahrhaftiger wird. Sie wissen um den Wert der *zwischenmenschlichen Nähe*. Sie versuchen deshalb andere zu verstehen und sind auch hilfsbereit, wenn Not herrscht. Sie halten mehr von einer inneren *Autorität*, die sie durch Eigenerfahrung gewonnen haben, als von einer vorgesetzten äußeren. Materielle Dinge wie Geld und Statussymbole sind ihnen unwichtig, dagegen haben sie eine große **Sehnsucht nach dem Spirituellen**. Vorbilder sind geistige Führer wie Martin Luther King, Mahatma Gandhi oder Theilhard de Chardin.

Wie christlich ist die humanistische Psychologie?
Betrachten wir einmal Jesus und die Heiligen im Rahmen der humanistischen Psychologie, so ergeben sich sehr interessante Parallelen.
Mit Sicherheit kann man sagen, daß Jesus eine *feste Identität* hatte, daß er sich von den herrschenden Meinungen seiner Zeit unterschieden hat, daß er mutig und furchtlos zu dem stand, was er als die Wahrheit erkannt hatte.
Die Evangelisten berichten einstimmig, welche gewaltige Wirkung sein öffentliches Auftreten auslöste. Die Menschen kamen von weit her, um ihn zu sehen, zu hören und geheilt zu werden. Bei Markus steht der Satz: „Und sie staunten über seine Lehre, denn er lehrte sie wie einer, der Vollmacht hat, und nicht wie die Schriftgelehrten" (Mk 1, 22). Dasselbe sagt auch Matthäus über die Wirkung der Bergpredigt (Mt 7, 28) ebenso Lukas (Lk 4, 32). An dem Wort „Vollmacht" (exousia) hängt alles. Nach dem Lexikon ist damit können und vermögen gemeint, ebenso die Freiheit, etwas zu tun, freie Hand zu haben, sogar Ungebundenheit, schließlich Macht und Macht-

fülle. Es drängt sich fast auf, daß wir damit die Ziele der modernen Strömungen der Selbstverwirklichung, der Autonomie, der Selbstbestimmung, der Eigenverantwortung und der festen Identität in Verbindung bringen. Keine Angst haben vor Autoritäten, vor Sanktionen, sich nicht mit der Enge und Ängstlichkeit seiner Umgebung abfinden, das sagen können, was wahr ist – sind Zeichen einer Freiheit, die in einer kirchen- und traditionskritischen Zeit große Sympathien weckt. So nennt zum Beispiel der Theologe Peter Eicher Eugen Drewermann und Bischof Gaillot Menschen, die aus einer autoritativen Hierarchie zu einer Freiheit gelangt seien, „wie sie Jesus meinte". Aus dieser Freiheit heraus könnten sie den Menschen besonders am Rande von Kirche und Gesellschaft glaubwürdig sagen, daß der Mensch vor Gott gut sei[4]. Es geht hier nicht um die Problematik, die sich um beide Persönlichkeiten aufgebaut hat, sondern um die Bedeutung eines Ideals, welches Jesus lebte und welches eine starke Persönlichkeit voraussetzt.

In der Hitze der Auseinandersetzung sollte man gewiß vorsichtig sein, die eigenen Favoriten in die Nähe Jesu zu rücken. Trotzdem wäre es für die christliche Verkündigung wünschenswert, daß möglichst viele Vertreter der Botschaft Jesu aufgrund ihrer persönlichen Kompetenz, ihrer Sachkenntnis, ihres Einsatzes und Mutes, aufgrund ihrer „Vollmacht" (exousia) auch von denen gehört und angenommen würden, die sich nicht im Raum der Sonntagskirche aufhalten und auch gar nicht hineinpassen. „Worte ohne Grenze" nannte Jacques Gaillot sein Buch, in dem er seine Erfahrung im Umgang mit einer säkularen Welt schildert[5].

Wenn die Botschaft Jesu auch außerhalb des traditionellen Raumes ankommt, dann deshalb, weil sie ganz aus dem Eigenen stammt, weil sie beim Verkünder zum eigenen Schicksal geworden ist. In diesem Sinne ist Carl Rogers zuzustimmen, wenn er sagt: Das Persönliche ist das Allgemeine. Jesus selbst hat Menschen zutiefst bewegt und erschüttert im Gegensatz zu den Schriftgelehrten. Es dürfte so gewesen sein, daß bei Jesus das eigene Leben dahinter stand.

Wir dürfen sicher mit Recht die Gleichnisse, die Jesus erzählt, als ein Stück seiner eigenen Geschichte mit Gott sehen, z.B. vom Schatz im Acker oder von der kostbaren Perle (Mt 13, 44, 45) oder vom Wachsen der Saat (Mk 4, 26ff); daß er selbst die Kostbarkeit in sich entdeckte, danach graben und alles dafür geben mußte. Vom Suchen und Ringen Jesu lassen die Berichte der Synoptiker vom Aufenthalt Jesu in der Wüste und von den Versuchungen durch den Teufel etwas ahnen (Mk 1, 13ff, Mt 4, 1ff, Lk 4, 1ff).

Jesus wurde eins mit der Kraft und dem Willen Gottes; das eigene und das Wesen Gottes fallen in ihm zusammen – aus dieser Sicht lassen sich Selbstfindung und Nachfolge Jesu nicht voneinander wegdenken.

Nehmen wir noch die Überlegungen Carl Rogers vom „guten Leben" dazu, dann ergibt sich ein Modell, mit dem wir die Nachfolge in einem neuen Licht sehen dürfen. Die von Jesus initiierte und gewollte Weise zu leben müßte geprägt sein von einer größeren Dichte des Lebens, wo Gefühle wie Trauer und Freude nicht nur zugelassen sind, sondern sogar eine wesentliche Rolle spielen; wo fundamentale Zuversicht, sich in das Leben einzulassen, herrscht; ein Leben, das als bereichernd, lohnend und bedeutungsvoll empfunden wird und deswegen gerade die Mutigen herausfordert.

Wenn Rogers den idealen Therapeuten schildert,

dann drängt sich sogar das Bild des guten Hirten auf (Joh 10, 1–17). Jenes Wort „Ich kenne die Meinen und die Meinen kennen mich" (Joh 10,14) paßt gut auf die von Rogers entworfene Figur des seelischen Heilers. Engste Vertrautheit und Respekt vor der je eigenen Entscheidung, Nähe und Bindung in Freiheit, das ist es, was die Entfremdung und Isolierung, unter der so viele leiden, auf Dauer aufhebt; denn für die meisten ist Nähe mit Druck und Unfreiheit verknüpft. Um im Bild vom Hirten und den Schafen zu bleiben: Der Hirte sorgt für die Weideplätze und für den Schutz der Herde, jedes Schaf hat aber den eigenen Freiraum, sein Futter zu finden. Was die Seele nährt, sind Zuwendung und das absolute Vertrauen, beim Zeigen seiner Wunden einen Schutzraum zu haben.

So dürften es die Menschen um Jesus erlebt haben. Das, was mit ihnen geschieht, ist voller Dramatik. Nehmen wir als Beispiel jene Maria von Magdala, von der Jesus sieben Dämonen ausgetrieben hatte (Lk 8, 2), die den Mut hatte, beim Tod Jesu anwesend zu sein (Mk 13,40), den Leichnam Jesu anzufassen, zu salben, und die mit der Begegnung des Auferstandenen belohnt wurde. Es ist nicht zuviel gesagt, daß diese Frau durch die Hölle und den Himmel ihrer Gefühle ging.

Hier dürfen wir auch die großen Gestalten des Christentums anführen, ob sie nun als Heilige verehrt werden oder nicht. Allzusehr wurde ihre wirkliche Größe darin verzeichnet, daß man vornehmlich das Ausmaß ihrer Demut, ihrer Unterwerfung und ihres Gehorsams hervorgehoben, weniger aber ihren Mut, Ungewöhnliches zu tun und Unangenehmes zu sagen, gebührend beachtet hat.

Gewiß gibt es unter ihnen solche, die unscheinbar und ganz gewöhnlich waren und buchstäblich den letzten Platz in der Hierarchie einer Gemeinschaft eingenommen haben, die nie ein Wort des Widerspruchs oder der Kritik gewagt hätten. Aber selbst der hl. Franziskus, der sich und seine Brüder die Kleinen (minores) nannte und die unterste Stelle einnehmen wollte, der die Demut über alles schätzte, fand in seiner Predigt vor dem Kardinalskollegium für die höchsten Vertreter der damaligen Kirche äußerst kritische Worte. In der Erzählung von Bruder Leo und seinen Gefährten, einem der authentischsten Berichte über den Heiligen, heißt es, daß Franziskus die ihm vom Kardinal Hugolino aufgesetzte Predigt vergessen hatte, dann in seiner Verlegenheit das Brevier aufschlug und auf die Stelle stieß: „Den ganzen Tag bedeckt die Scham mein Antlitz" (Ps 43, 16). „Er übertrug sie in die Volkssprache und hielt darüber eine ausgiebige Rede vom Hochmut der Prälaten, von ihrem schlechten Beispiel und was für eine Schmach darin für die ganze Kirche liege: sie seien ja das Antlitz der Kirche, das in voller Schönheit strahlen sollte.... und so gut und ausgiebig war die Rede, daß es für jene eine heilsame Beschämung und Erbauung war."[6]

Noch eine andere Episode wird erzählt: Franziskus war bei Kardinal Hugolino zu Gast. „Vor dem Essen ging er wie auf Schleichwegen zum Bettel, um dann ein Stück Schwarzbrot, das er erbettelt hatte, zu Tisch zu bringen." „Darüber war der hohe Gastgeber mit Rücksicht auf die zahlreichen Kardinäle und Edelleute, die an der gleichen Tafel saßen, ein wenig verlegen". Wir dürfen vermuten: ganz schön verlegen. Es war eine Predigt ohne Worte, eine ungeheure Provokation! Als ihn sein Freund anschließend darauf ansprach, begründete Franziskus sein Tun damit, daß er „den Höchsten geehrt habe, dem die Armut wohlgefällt".[6a]

Man darf sich fragen, warum der Heilige diese Dinge tun konnte, ohne das Schicksal anderer Bußprediger des Mittelalters zu erleiden, z.B. das Savonarolas, sondern das grundlegende Wohlwollen seines Freundes und dessen Kollegen nicht verlor. Wahrscheinlich war es so, daß er trotz aller herben Worte nicht verletzte; daß er nicht die Struktur der damaligen Kirche angriff; daß bei ihm ein unabdingbares Ja zur gemeinsamen Grundüberzeugung zu spüren war; daß seine Worte nicht aus einem unüberlegten Zorn hingeschleudert wurden, sondern aus einem Herzen kamen, das unter den Zuständen litt.

Zugleich ist auch auf die Bemerkungen zu achten, die in den Schriften über Franziskus mit „Eingebung" oder „Salbung des Hl. Geistes" angeführt werden. Franziskus war so mit seinem schöpferischen Grund verbunden, daß er im Augenblick das Richtige sagen konnte. Wir können sicher sein, daß dieser Grund durch den langen, schwierigen und schmerzvollen Weg seiner Gottessuche geläutert war. Franziskus erfüllt in diesem Sinn die Norm der humanistischen Psychologie. Er war **spontan**. Er besaß gerade deshalb eine große Ausstrahlung. Denn die Worte, die mit Gefühl aufgeladen sind, können auch Gefühle bewegen. Die Frage ist nur, ob damit Emotionen geschürt werden, die neue Spaltungen hervorrufen und vertiefen, oder ob damit ein dauerhafter und gerechter Friede erreicht wird. Franziskus besaß die *Kraft*, **Frieden zu stiften**, was in den damaligen von tödlichen Feindschaften zerrissenen Städten Mittelitaliens ein Wunder genannt werden kann. Für die Größe der Persönlichkeit des Heiligen spricht ferner die Tatsache, daß auch heute noch seine Stätten von Tausenden von Menschen aufgesucht werden, und zwar auch von solchen, die nicht innerhalb der Kirche stehen; daß man seinem Geist der Nähe zur Schöpfung, zu den Menschen und zum Ursprung allen Seins nachzuspüren versucht.

2.3. Selbstverwirklichung bei C. G. Jung

Die Natur des Menschen ist geistig
Ein weiteres Modell von Selbstverwirklichung hat C. G. Jung entworfen. Für ihn sind Begriffe wie Selbstfindung, Selbstwerdung und Individuation von entscheidender Bedeutung für sein therapeutisches Arbeiten. Jung geht davon aus, daß in jedem Menschen eine Anlage vorhanden ist, welche die Kraft der Entfaltung in sich trägt, ein inneres Ziel, welches den Sinn seines Lebens ausmacht. Diese innere Natur ist im wesentlichen geistig und vermag alle anderen Impulse, ob sie nun triebhaft, instinktiv oder vom Intellekt her bestimmt sind, einzubinden und zur Ganzheit zu führen.
Für Jung ist diese Kraft primär religiös, deshalb spricht er auch vom religiösen Trieb. Heilung und Selbstwerdung ist für ihn mit der Gewinnung einer religiösen Einstellung verbunden.
Die Religionen sind für ihn ursprünglich Heilungssysteme, und der moderne Mensch krankt daran, daß er das verloren hat, was lebendige Religionen ihren Gläubigen zu allen Zeiten gegeben haben, nämlich Sinn und Frieden. Allerdings kommt für Jung als Psychologen *diese Einstellung* nicht einer bestimmten Religion gleich, sondern ist eher die Berücksichtigung und Beachtung von Mächten und Gewalten, die einen selbst und die Welt bestimmen. „Gott" ist für ihn nicht ein Gegenstand des Glaubens im Sinne des Fürwahrhaltens, es geht vielmehr um innere Erfahrung, welche Gewißheit gibt. Am Schluß seines Lebens sagte er: „Ich glaube nicht – ich weiß."

Diese Form des Selbstwerdens ist Aufgabe der zweiten Lebenshälfte, wo wir einerseits ganz allmählich anfangen, vom Leben Abschied zu nehmen, wo wir aber andererseits neue Dimensionen unserer Existenz entdecken.

Sinn als Ziel der Therapie
Zu Jung kamen Patienten mit Problemen, die mehr der zweiten Lebenshälfte zuzurechnen sind; z.B. Leute, die durchaus erfolgreich waren, aber plötzlich von unerklärbaren Ängsten befallen wurden oder einfach an einer inneren Leere litten. Sie hatten eine berufliche Karriere geschafft, aber anstatt durch den Erfolg nun zufrieden und ausgefüllt zu sein, schlug ihr Lebensgefühl in das Empfinden von Sinnlosigkeit um. Viele kamen sogar nur mit der einen Frage, ob er (Jung) ihnen eine Antwort auf die Frage nach dem Sinn des Lebens geben könne. Jung mußte dies verneinen, war aber bereit, mit ihnen nach dem Sinn zu suchen. Für Jung ist Psychotherapie keine Methode, die man rein arbeitstechnisch anwenden kann, sondern zuerst einmal mitmenschliche Begegnung, vertrauensvolles Gespräch zwischen zwei Personen, in dem auch philosophische, weltanschauliche und religiöse Fragen zu Wort kommen, wo die schöpferische Funktion der Seele wieder tätig wird. Auf diese Weise vollzieht sich ein ganz persönlicher Wandlungs – und Reifungsprozeß, und die Antworten auf existentielle Fragen gehen allmählich von selbst auf.
Die wichtigste Aufgabe war für Jung, dem Menschen zu **geistigem Erleben** zu verhelfen, vor allem im Zusammenhang mit Glaube, Hoffnung und Liebe. Dies könne nur mit dem unbedingten Einsatz der ganzen Persönlichkeit geschehen, betonte er.
Der in seinem Fach auch sehr umstrittene Tiefen-

psychologe geht von der Erfahrung aus, daß Affekte nicht durch die Vernunft, sondern nur durch stärkere Affekte aufgehoben werden – eine Einsicht, die schon der Philosoph Spinoza im 17. Jahrhundert formuliert hatte. Für Jung ist das stärkste Erleben das Religiöse. Deshalb traut er diesem auch zu, den Menschen aus seinen verwirrten Gefühlen zu befreien. So sah er es auch als seine Aufgabe, seine Patienten zu einer religiösen Erfahrung hinzuführen.

Was Jung vor mehr als 60 Jahren an der damaligen gebildeten Schicht beobachtete, – einen allgemeinen Niedergang der religiösen Grundüberzeugungen –, ist heute zu einem Massenphänomen geworden. Immer mehr Menschen leiden an einer *fundamentalen Verunsicherung*; es ist, als ob der Boden, der bisher Halt gegeben hat, auf breiter Basis durchgebrochen sei. Die alten Wahrheiten des Christentums, beispielsweise die Lehre von Erlösung und Gnade, existieren für viele nicht mehr. Es ist, als ob die Menschen mit der Suche nach Gott ganz von vorne beginnen müßten. Überzeugend schildert der Fernsehjournalist Michael Albus in seinem Buch „Die unbekannte Religion. Auf der Suche nach dem Christentum"[7] diesen äußerst schmerzlichen Weg. Die kirchlichen Aussagen seien keine Antwort mehr auf die Verzweiflung und Absurdität des Lebens, meint er. Man müsse am Punkt Null beginnen; erst der, welcher die vielen Fragen ganz durchlitten habe, werde das Wertvolle im Christentum wiederentdecken können.

Michael Albus bestätigt den geistigen Zustand unserer Zeit, wie Jung und viele andere ihn sehen, und betont die Notwendigkeit des vollen existentiellen Einsatzes als Voraussetzung zur Heilung. Was hinter der Fassade einer schrankenlosen Selbstverwirklichung steckt, ist die Not und Ratlosigkeit, mit den Abgründen und der Hoffnungslosigkeit des Lebens zurechtzukommen. Ohne die schmerzvolle Auseinandersetzung mit den Gegebenheiten unseres Daseins finden wir nicht zu jenem Punkt als dem Schlüssel, mit dem wir die Wirklichkeit Gottes erfahren.

Der halbe und der ganze Mensch
In der Mitte der Jungschen Überlegungen stehen nicht Theorien über Krankheiten und deren Ursachen, sondern die Vision vom größeren zukünftigen Menschen.
Jung hatte an Patienten beobachtet, daß Wandlung und Reifung keineswegs mit der Behandlung abgeschlossen waren, sondern sich anschließend dauerhaft weiter vollzogen. Er vermutete eine innere Dynamik jenseits des Bewußtseins, die den Prozeß des personalen Wachstums auslöst und weiter treibt, die jedoch der unmittelbaren Einwirkung des Willens entzogen ist. Er kam sogar zu dem Schluß, eine Neurose mit all ihrem Leid und ihrer Dunkelheit hätte den Sinn, einen Menschen auf den Weg der Ganzwerdung zu bringen.
Nun bedarf der letzte Begriff – gleichbedeutend mit Selbstwerdung und Selbstfindung – einer Erklärung. Wenn wir als Menschen erst noch *ganz* werden müssen, heißt das, daß wir erst einen Teil unseres möglichen Persönlichkeitsumfanges leben. So ist es zum Beispiel bei einem Mann Mitte vierzig, der als Geschäftsmann durchaus erfolgreich ist, aber mit seiner Frau bzw. mit seinen Frauen nicht zurecht kommt. Auf dem Gebiet des Intellekts und der Leistung hat er das heute geforderte Niveau erreicht, im Bereich der Gefühle ist er kurz vor dem Scheitern, was nicht auf die leichte Schulter zu nehmen ist. Selbst wenn man es nur von der Seite des Erfolgsdenkens sieht, ist der Schaden beträchtlich; denn eine Scheidung

kostet immerhin die Hälfte des Vermögens, ganz abgesehen vom seelischen Leid bei allen Betroffenen. Immer wieder zeigt es sich, daß Menschen, die sonst „mitten im Leben stehen", einfach ratlos und ohnmächtig dem gegenüberstehen, was die Welt ihrer ganz persönlichen Beziehungen anbelangt. Sie können es nicht verhindern, daß sich der/die Lebenspartner/in ihnen entfremdet, daß die Kinder mit dem schweren (seelischen) Erbe ihrer Eltern nicht zurechtkommen. Es muß nicht immer eine Katastrophe im Bereich der Familie sein, meist zeigt uns das ganz gewöhnliche Leben, wie bedürftig und unvermögend wir im Bereich der Gefühle sind. Karriere, Erfolg, Lustgewinn werden als die erstrebenswerten Ziele der Selbstverwirklichung angepriesen. Wer eine solche Einstellung vertritt, ist jedoch nur ein halber Mensch. Wer es jedoch gelernt hat, mit Einsamkeit, Mißerfolg, Krankheit, Alter, Tod so umzugehen, daß er daran nicht verzweifelt, hat eine Form von Selbstwerdung erreicht, die Jung als Ganzheit bezeichnet. „Ganz" bedeutet deshalb, daß auch die sonst ausgeblendeten Seiten des Lebens, an die man nicht denkt und über die man nicht spricht, in den Blick genommen werden und eine zufriedenstellende Antwort finden.

Individualisierung und kein Ende?
Im Zusammenhang mit dem Thema Selbstverwirklichung klagt man vorzugsweise über den zunehmenden Egoismus, über Mangel an Solidarität, über die Individualisierung auf allen Gebieten bis hinein in die Religion. „Jeder bastelt sich seine Religion selbst zusammen", so kann man oft hören. Es wird gerne auf die andere Seite der gewonnenen Freiheit verwiesen, auf Vereinsamung und Isolierung. Sie sind das Ergebnis, wenn der Zusammenhalt der Familie, des Dorfes, kirchliche und

weltanschauliche Einbindungen wegfallen. Appelle und Aktionen zu mehr selbstlosem Einsatz für das Gemeinwohl richten kaum etwas aus.
Besser ist es, genau hinzuschauen, ob es nicht auch im Menschen selbst eine innere Dynamik zu mehr Gemeinsamkeit, zu mehr Nähe und zu mehr Solidarität gibt, ohne daß er dabei seine Selbständigkeit wieder opfern und sich in eine neue Abhängigkeit begeben muß. Wenn wir davon überzeugt sind, daß jeder Mensch von seiner Natur aus auf Gemeinschaft bezogen ist, dann gilt es, diese Seite zu entdecken und ihr zu vertrauen.
Bei den Entwicklungen zur Individualität und zur Gemeinsamkeit lassen sich bestimmte Phasen ausmachen, die zu beachten im Umgang mit Menschen sehr hilfreich sind.
Jung unterscheidet in seiner Abhandlung über das Trinitätsdogma[9] drei Stufen der Bewußtseinsdifferenzierung bzw. der Entwicklung.
In diesem Beitrag geht es ihm nicht um eine Auflösung und Entwertung des christlichen Glaubens, sondern um menschliche Erfahrungen, welche im Dogma mitschwingen.
Die erste Stufe ist „die des Vaters", auf der man sich noch, was den seelisch – geistigen Bereich anbelangt, in einer Art kindlichen Verfassung befindet und von einer vorgegebenen Lebensform abhängig ist.
Damit meint Jung den geistigen Zustand eines jungen oder oft sogar erwachsenen Menschen, der alles, was Eltern, Lehrer, Kirche und Staat an ihn an Forderungen und Vorstellungen herantragen, wie selbstverständlich hinnimmt und noch kein eigenes Urteil über Falsch oder Richtig hat.
Die zweite Stufe ist „die des Sohnes". Der junge Mensch erkennt, daß er anders ist, daß er nicht mehr so denkt wie der Vater; daß er eine eigene Persönlichkeit zu werden im Begriff ist.

Ein gutes Beispiel für diesen Wandel im Selbstverständnis bietet jene Szene, wo der hl. Franziskus vor dem Bischof seinem Vater Geld und Kleider zurückgibt und erklärt: „Bisher habe ich Vater Pietro Bernardone gesagt; jetzt sage ich nur mehr Vater unser im Himmel." Es war allerdings schon mehr als die bloße Auflehnung; er war aus dem Bereich des Vaters schon ganz herausgetreten. Normalerweise dauert es etwas länger, bis ein junger Mensch den letzten Schritt zur eigenen Selbständigkeit vollzogen hat.

Ist in ihm einmal das kritische Denken erwacht, dann stellt er zunächst einmal alles in Frage. Was bisher d.h. den Eltern als wertvoll und unumstößlich gegolten hat, lehnt er ab, ohne dabei schon eine echte tragfähige Alternative zu haben. Er sucht die Wahrheit mehr im Dagegen als im Gemeinsamen. Es ist verständlich, daß dieser Zustand enorme Konflikte mit sich bringt.

In der dritten Phase, „der des Heiligen Geistes", geht es darum, die Grenzen des kritischen, rein rationalen Denkens anzuerkennen, einzusehen, daß die Vernunft allein nicht Quelle der ausschlaggebenden Erkenntnisse und Entscheidungen ist. Es gilt, sich einer inspirierenden Instanz zu unterwerfen, konkret: seine Intuition zu entwickeln und sich einer inneren Führung anzuvertrauen. In diesem Punkt unterscheidet sich der hl. Franziskus von vielen Aussteigern unserer Zeit. Er hat sich nicht nur von den Wertvorstellungen seiner Umgebung distanziert, sondern auf der Basis seiner religiösen Erfahrung etwas Neues geschaffen.

Alle sollen so denken wie ich!
Die Einteilung Jungs entspricht im großen und ganzen dem, was in der Sozialpsychologie mit der Phase der Abhängigkeit, der Gegenabhängigkeit und der Autonomie, der Unabhängigkeit in zwi-

schenmenschlichen Beziehungen bezeichnet wird. Personen in der Phase der Abhängigkeit suchen in wesentlichen Belangen ihres geistigen und religiösen Lebens Weisung bei höheren Autoritäten; sie brauchen feste Strukturen und Vorgegebenheiten. Sie sind eher ich – schwache Persönlichkeiten und können sich nicht auf eigenes Urteil, eigene Kreativität, eigene Intuition und eigenes Denken verlassen; im Grunde ihres Herzens herrscht Angst, die sie allein nicht aushalten können. Zur Stützung ihres schwachen Ichs brauchen sie die Zustimmung Gleichgesinnter. Eben deshalb tun sie sich schwer mit Toleranz, mit der Fähigkeit, das Anderssein anderer auszuhalten oder sogar zu verstehen. Am liebsten wäre es ihnen, *alle dächten so wie sie*. Wenn sie eine entsprechende Position innehaben, üben sie auf die eigenen Reihen Druck aus, wenn möglich auch auf Außenstehende. Anders gesagt: Eine Gemeinschaft, die aus „Abhängigen" besteht, ist gekennzeichnet durch enormen inneren Zwang, durch den der Zusammenhalt gewährleistet wird. Der Bekehrungseifer in solchen Gruppierungen spricht meist eher für vorhandene Unfreiheit und belastende Unsicherheit als für die Liebe zur Wahrheit. Die Bereitschaft zur Unterwerfung und autoritärer Leitungsstil – Kennzeichen solcher Gruppen – bedingen einander. Erwachsene mit dieser Einstellung sind im Innersten Kinder geblieben – zumindest was den Bereich ihres weltanschaulichen und religiösen Lebens betrifft. Hier ist der schon erwähnte Ausdruck der Verschmelzung angebracht sowohl mit den äußeren Strukturen und deren Repräsentanten wie untereinander.
Die hohen Ideale einer Gemeinschaft steigern das Selbstwertgefühl des Einzelnen. Er fühlt sich wichtig und groß, weil er einer Gruppe angehört, die im alleinigen Besitz der Wahrheit ist, die nur das

Edelste will und der das Paradies in dieser oder einer anderen Welt verheißen ist.

Aufstand gegen die Tradition
Die Phase der Kindheit überwinden, mündig werden, Emanzipation aus unreflektierten, beengenden Vorstellungen und Lebensformen, darüber gibt es seit 200 Jahren einen allgemeinen Konsens derer, welche sich intellektueller Redlichkeit verpflichtet fühlen. Bei Anwendung der „reinen Vernunft" wird jedoch meist übersehen, nach den psychologischen Grundlagen des eigenen Denkens zu fragen. Man will ungern wahrhaben, daß die Ausrichtung unserer Gefühle den Verlauf und das Ergebnis der Gedankengänge mitbestimmt. Anders ausgedrückt: Emotionalität, Sympathie und Antipathie, Angst und Abwehr bilden primär den Rahmen, in dem sich die Vernunft entfalten kann. Streng genommen müßte man heute nicht vom Ende der Aufklärung, sondern von ihrer Er-Gänzung (Ganzwerdung) reden, die durch die Bewußtwerdung der psychologischen Voraussetzungen des Denkens erreicht wird.

Um konkret zu werden: Jene Phase der Persönlichkeitsentwicklung, die Jung als die des „Sohnes" bezeichnet, beinhaltet die kritische Einstellung zur Tradition und ihrer Werte, zu Institutionen und ihren Vertretern. Nun läßt sich beobachten, daß junge und nicht mehr ganz junge Menschen, die zum kritischen Denken erwacht sind und sich gegen Autoritäten auflehnen, noch lange keine autonomen Wesen sind. Sie sind oft geradezu darauf fixiert, alles zu bekämpfen, was nach Strukturen, Ordnung und Autorität aussieht[8]. Sie haben im Grunde (ganz wörtlich) ihr Eigenes noch nicht gefunden, sind noch nicht wirklich frei, sondern immer noch abhängig, zwar nicht in Form von Anpassung, sondern von Auflehnung.

Weil die Gefühls- und Bedürfnisrichtungen der Abhängigen und Gegenabhängigen einander entgegenstehen, sind zwischen ihnen authentische Beziehungen, angstfreie Kommunikation und gegenseitige Annahme so schwer erreichbar. Der Konflikt in der Kirche beißt sich im wesentlichen an diesem Punkt fest. Was für die einen (die Abhängigen) Sicherheit und Geschlossenheit bedeutet, nämlich eindeutige Ausrichtung nach oben, klare Strukturen, Festhalten am Alten, (scheinbar) Bewährten, ist für die anderen (die Gegenabhängigen) Einengung, Entmündigung und Unterdrückung des Geistes. Und umgekehrt: was für diese Befreiung, Entfaltung und Fortschritt ist, erscheint jenen *als Bedrohung*. Wenn keine Vermittlung zwischen den Fronten möglich ist, geschieht meist der Rückzug ins Private voller Enttäuschung und Wunden in vermeintliche Unabhängigkeit, die man eher Beziehungslosigkeit oder Gleichgültigkeit nennen kann. Der scharf sezierende Intellekt, der über alles, was nicht in seinen Horizont paßt, ein Urteil fällt, kann auch furchtbar einsam machen. Er hindert daran, andere Menschen zu verstehen und ihnen nahe zu kommen. Ungelöste Konflikte – ob in der Ehe, in der Kirche oder in der Gesellschaft – sind immer auch Geschichten von steckengebliebener persönlicher Entwicklung. Ein Prozeß geht dann voran, wenn *tiefere Gefühle* zugelassen werden, welche die Fixierung an den Gegner ablösen. Das führt auch zur Einsicht, daß es noch andere Erkenntnisquellen gibt als die Vernunft: Dinge, die aus dem Erleben und der Intuition zugänglich werden. Diese sind maßgebend im Umgang miteinander, z.B. wenn es um Versöhnung geht, um Zuneigung und Liebe, um Sinn als den Inbegriff einer letzten, unverfügbaren Bezogenheit; um all das, was das Leben unzerstörbar und wertvoll macht.

Zum Kind werden und doch erwachsen sein
Mit dieser Einsicht wird die dritte Stufe der Individuation erreicht, sie ist quasi eine Rückkehr zum Modus des Kindes in dem Sinn, daß man sich öffnet wie ein Kind und empfängt, daß man die ausschließliche Selbständigkeit opfert; daß man Wirklichkeiten anerkennt, die über uns hinausgehen und die wir nicht begreifen können, die aber uns ergreifen. **Vernunft und Reflexion** als die Errungenschaften der zweiten Stufe dürfen aber dabei nicht verloren gehen. Das Ich wird in diesem Wandlungsprozeß nicht seiner Funktion beraubt, sondern in einen größeren Zusammenhang, in das Selbst, aufgenommen.

Kritisches Denken mit religiöser Ergriffenheit, den Verstand mit dem Gefühl, die Kraft des Unbewußten mit dem Licht des Bewußtseins zu verbinden, das ist das eigentliche, lohnende Ziel jeder Bemühung um personale Entwicklung.

Je mehr ich ich selbst bin, um so mehr bedeute ich anderen
Nach Jung bedeutet Individuation „zum Einzelwesen werden und insofern wir unter Individualität unsere innerste, letzte und unvergleichbare Einzigartigkeit verstehen, zum eigenen Selbst zu werden. Man könnte „Individuation" darum auch mit „Verselbstung" oder mit „Selbstverwirklichung" übersetzen"[10].

Sofort drängt sich die Frage auf: Wo bleibt die soziale Komponente? Wird hier nicht doch ein Individualismus recht eigener und elitärer Art gepflegt?

Zugegeben: Mit dem Beginn einer eigenen Entwicklung eines erwachsenen Menschen werden die Beziehungen im sozialen Umfeld schwer belastet, womöglich sogar abgebrochen. Wer anders ist oder anders denkt, kann als Partner/in, als

Gattin oder als Vertreter/in eines geistlichen Berufes die eingespielte Rolle nicht mehr wie bisher erfüllen. Die andere Seite reagiert meist mit Enttäuschung, Ärger und Vorwürfen; volles Verständnis wird nur aufbringen können, wer selbst schon einen eigenen Weg gegangen ist. Begriffe wie Subjektivismus und Individualismus werden sehr leicht in den Mund genommen – man meint eigentlich ungehemmten Eigensinn; sie treffen aber nur für ungezügelte Ausdehnung des Ichs nach außen zu, z.B. für Karrierestreben oder starre Rechthaberei, nicht aber, wenn sich jemand, durch innere Not gezwungen, zurückzieht, einfach weil er nicht mehr weiter weiß und er Zeit für sich braucht. Selbstverständlich darf der bloße Rückzug nicht Ende einer Entwicklung sein. Personen, die den Durchgang schafften, meist mit Hilfe eines therapeutischen Begleiters, gewinnen eine neue Identität. Sie können auf eine tiefere und intensivere Weise auf Menschen zugehen, haben die Fähigkeit, Gemeinschaft zu stiften und Führung zu übernehmen. Sie haben kreative Ideen und auch die Kraft, sie durchzusetzen. Weil sie die Probleme am eigenen Leib ausgestanden haben, können sie wesentlich zur Konfliktlösung in einer Gruppe beitragen. Sie können dafür sorgen, daß echte Nähe und authentische Beziehungen entstehen.
Individuation bedeutet nach Jung „geradezu eine bessere Erfüllung der kollektiven Bestimmungen des Menschen"…. Wenn nämlich die Eigenart des Individuums genügend berücksichtigt wird, so die Begründung Jungs, läßt dies eine bessere soziale Leistung erhoffen, als wenn sie vernachlässigt oder gar unterdrückt wird.
„Individuation kann daher nur einen psychologischen Entwicklungsprozeß bedeuten, der die gegebenen individuellen Bestimmungen erfüllt, mit

anderen Worten, den Menschen zu *dem* bestimmten Einzelwesen macht, das er nun einmal ist"[11]. Eine Behinderung der Individualität bedeutet nach Jung eine künstliche Verkrüppelung, und eine soziale Gruppe, die aus verkrüppelten Individuen besteht, kann keine gesunde und auf die Dauer lebensfähige Institution sein. „Denn nur diejenige Sozietät, welche ihren inneren Zusammenhang und ihre Kollektivwerte bei *größtmöglicher Freiheit* des einzelnen bewahren kann, hat eine Anwartschaft auf dauerhafte Lebendigkeit." Der Prozeß der Individuation führt nicht in die Vereinzelung, sondern in einen *intensiveren* Kollektivzusammenhang.

Die *bessere soziale Leistung, dauerhafte Lebendigkeit, größtmögliche Freiheit des einzelnen bei einem intensiveren Kollektivzusammenhang* als Ergebnis der Individuation erscheint als faszinierendes Ziel, ist zugleich aber wie die Quadratur des Kreises. Es sind die Punkte, um die in der Kirche und anderswo gestritten wird. Die einen wollen – wie schon angeführt – mehr Freiheit zur eigenen Entfaltung – für die anderen ist die Einheit und Geschlossenheit der Gruppe, in diesem Fall der Kirche, die höchste Norm. Die bisherige Erfahrung zeigt, daß die höhere Dichte einer Gruppe mit steigender Unfreiheit des einzelnen erkauft wird. Allerdings beschränkt sich diese Beobachtung auf Gruppen, wo der Gruppenprozeß ungesteuert seine eigene Dynamik entfaltet; der Vergleich mit Sekten und extremistischen Bewegungen drängt sich auf.

Hier geht es jedoch um die sogenannte „reflektierte Gruppe" – ein Begriff der Würzburger Synode (1971–1976), wo der Gruppenprozeß so angeleitet wird, daß eine größtmögliche Entfaltung jedes einzelnen zu einer immer stärkeren Dichte der Gruppe führt.

Der Weg dahin ist allerdings angstfreie Kommunikation, gegenseitige Annahme und gegenseitiges Verstehen – Bedingungen, die der Leiter ermöglichen muß. Dies hängt wesentlich von dessen sozialer Kompetenz und dessen Persönlichkeitsumfang ab. Diesbezüglich gibt es erhebliche Unterschiede und damit entsprechende Blockaden oder Chancen für die Gruppe.

Mit *wachsender geistiger Weite*, welche die Bewußtwerdung unbewußter seelischer Inhalte mit sich bringt, erweitert sich der Kreis der Personen, mit denen wir authentische Beziehungen aufnehmen können, d.h. die *wir verstehen und von denen wir verstanden werden.*

Betrachten wir noch einmal die verschiedenen Stufen personaler Entwicklung. Wer noch im Zustand der Abhängigkeit, des unreflektierten Eingebundenseins in die Tradition lebt, kann nur mit seinesgleichen angstfrei kommunizieren; mit Menschen, die denselben engen Rahmen des Denkens und der Lebensform teilen. Er kann nicht darüber hinausschauen; zwischen ihm und Vertretern einer anderen Religion, einer anderen Weltanschauung oder auch nur einer anderen politischen Einstellung wird immer eine Mauer sein. Am wenigsten kommt er mit Menschen klar, die seine Grundüberzeugungen in Frage stellen. Ist er Leiter einer Gemeinde, so werden sich die kritisch Denkenden sehr bald zurückziehen, weil das, was sie quält und beschäftigt, weder in der Predigt noch in Diskussionen vorkommt. Ein Seelsorger dieser Art erreicht nur Leute, die in den traditionellen Raum der Kirche hineingewachsen sind und diesen nie bezweifelt haben. Andererseits kommt der überwiegend Kritische ebenfalls nur bei jenen an, die so wie er in Distanz zu den traditionellen Autoritäten stehen und von ähnlichen Affekten besetzt sind. Er übersieht, daß er durch seine ablehnende Haltung und emotionsgeladenen Äußerungen diejenigen verunsichert und verletzt, die seine Entwicklung nicht durchgemacht haben und seinen Gedankengängen nicht folgen können.

Echter Fortschritt braucht deshalb auch die Aussöhnung mit der Tradition. Das geschieht dann, wenn wir die Schätze der christlichen Vergangenheit neu entdecken, zugleich aber das Ungereimte und Ungelöste der eigenen sowie der kirchlichen Geschichte in den Blick bekommen und dazu stehen. Wer selbst schon berechtigte Anfragen, Zweifel und negative Affekte gegenüber der Kirche zugelassen, durchgelitten und ausgetragen hat und trotzdem ein grundsätzliches Ja zu ihr findet, hat die Befähigung zu geistiger Führung über den herkömmlichen Rahmen hinaus erlangt. Er kann den annehmen, der aus naiver Kindlichkeit zu dieser Kirche steht, aber auch den verstehen, der sich an ihr reibt, von ihr enttäuscht und verwundet wurde.

Allgemein läßt sich sagen: Der Wirkungskreis einer Person, die mit Menschen zu tun hat, ob im lehrenden, therapeutischen oder seelsorglichen Bereich, reicht so weit, wie sie die Konfliktfelder, in die Menschen verwickelt sind, bei sich selbst gelöst hat.

Daraus ergibt sich jener größere Umfang der Persönlichkeit als Ziel der Individuation. Davon hängt es ab, welchen Personen wir als Seelsorger oder einfach als Menschen zum Heil werden können und welche in der Kirche noch Platz finden. Es gibt Persönlichkeiten aus den verschiedensten Kulturen und Religionen, die diesen hohen Grad der Selbstwerdung erreicht haben. In diesem Zusammenhang sei neben den schon erwähnten spirituellen Meistern der weniger bekannte buddhistische Mönch Thich Nhat Hanh genannt, der als

„Rebell des Friedens" zwischen den Fronten des Vietnamkrieges zu vermitteln suchte und heute sein von ihm gegründetes Kloster in Südfrankreich für Besucher aus allen Völkern und Religionen offen hält.

Wir sind gelenkt von einem Punkt in uns
Bei diesen hohen Zielen der Individuation könnte das Mißverständnis auftauchen, es sei hier eine heroische Leistung gefordert. Dem ist entgegenzuhalten, daß es sich um einen Vorgang handelt, der unserem Willen nicht unmittelbar unterliegt, der vielmehr – vergleichbar dem körperlichen Wachstum – von einer außerhalb des Bewußtseins liegenden Instanz angeregt und gesteuert wird. Jung hat diesen fiktiven Punkt aufgrund von Beobachtungen postuliert als Zentrum und Umfang der Gesamtpersönlichkeit, d.h. aller unbewußten und bewußten Inhalte und Vorgänge der Psyche, und ihn im Unterschied zum kleinen, vordergründigen Ich das Selbst genannt. Als zentrale, eigentätig wirkende Kraft, als Archetyp der Ganzheit ist das *Selbst* sowohl der schöpferische Keim als auch Ziel und Umfang der Individuation. Damit soll gesagt sein, daß in uns eine Kraft ist, die die Punkte unseres Lebens zusammenbringt, welche uns zu zerreißen drohen, vorausgesetzt wir lassen uns auf sie ein. Mit anderen Worten: Die Probleme, die uns quälen, können gelöst werden; die Verbindung zwischen der Sehnsucht nach Nähe und dem Bedürfnis nach Distanz, zwischen der Suche nach eigener Identität und den Anforderungen der Umgebung, zwischen den Ansprüchen der Triebe und dem geistigen Erleben kann hergestellt werden.
Besonders bedrängend ist die Frage nach der Sinnhaftigkeit des Leids und aller Negativseiten des Lebens wie Krankheit, Alter und Tod. Jeder

wird schließlich an einen Punkt kommen, wo er es aufgibt, Antwort auf dem Weg des rationalen, aktiven Denkens zu suchen. Entweder er verzweifelt, oder es wird ihm die Erfahrung des Selbst mit seinem numinosen Charakter zuteil. Damit ist ein geistiges Erleben gemeint, ein Ergriffensein, welches sich etwa in den einfachen Worten ausdrückt: *Jetzt ist alles gut.* Das kleine Ich ist in diesem Augenblick aller Bedrängnis und Angst enthoben und in einen größeren Zusammenhang eingefügt. Damit hat es seinen Sinn gefunden.

Der Grund und die handelnde Instanz ist in diesem Fall, tiefenpsychologisch gesagt, das Selbst; vom Glauben her gesehen ist es die Gnade Gottes, welche sich der psychischen Instanz wie eines Organs *bedient*.

Die geistige Entwicklung im Sinne der Emanzipation, d.h. Loslösung vom Alt-Hergebrachten läßt sich nicht aufhalten. Es wurde am Anfang schon gesagt, daß der moderne Mensch unhistorisch sein will. Es nützt wenig, diese Entwicklung, die im modernen Zeitgefühl liegt, aufhalten zu wollen. Um einer weitreichenden Entwurzelung und Entsolidarisierung entgegenzuwirken, ist vielmehr ein Weitertreiben des Prozesses nötig. Wenn sich schon die Menschen von keiner Instanz etwas sagen lassen und nur ihr Eigenes suchen, so gilt es, sie gerade auf dieser Suche bis zu jenen Punkt weiterzuführen, wo sich das ganz Persönliche und das Universale schneiden. Konkret heißt das: Die Selbsterfahrung im Sinne der Tiefenpsychologie – dies bestätigt sich immer wieder in Kursen – führt die Teilnehmer zu gegenseitiger Annahme und Nähe, zugleich auch zu einer Wiederentdeckung der christlichen Wurzeln, ohne daß kritisches Denken dabei ausgeschlossen werden muß.

3. Selbstverwirklichung und Nachfolge Jesu

Mißverständnisse

Selbst wenn man nun im psychologischen Begriff der Selbstwerdung durchaus christliche Elemente wahrnehmen kann, so scheint doch zu der Nachfolge Jesu, wie sie in der Generation vor dem 2. Vatikanischen Konzil gelehrt und geübt wurde, eine unüberbrückbare Kluft zu sein. Man verband damit höchste Anstrengungen, Selbstvergessenheit und ein völliges Aufgehen im Dienst an den anderen. „In der Nachfolge des armen, gekreuzigten Heilands stehen" war ein Thema in manchen Predigten und Exerzitienvorträgen.
Tatsächlich wurde das Wort von der Selbstverleugnung und vom Kreuztragen zum Kennzeichen einer ganz typischen kirchlichen Einstellung. Die solchermaßen geprägten Menschen strahlten aber gar nicht so sehr die Kraft und Freiheit Jesu aus; oft waren sie bedrückt und depressiv, kleinlich und eng, so daß sie von seiner Botschaft eher abschreckten, als sie anziehend zu verkörpern. Als Ideal galt die sich völlig für die Familie opfernde Mutter.
So berichtet eine junge Frau, die mit großen Schwierigkeiten im Bereich der Gefühle und Beziehungen zu kämpfen hat und die aufgrund dessen immer erneut auf Ablehnung stößt, von ihrer Mutter als einer Frau, die dieses Ideal zu verwirklichen versuchte. „Reinheit und abgrundtiefe Liebe" seien ihre Leitmotive gewesen.
In ihren letzten Briefen an die Tochter versichert die inzwischen Verstorbene, wie sehr sie sie geliebt habe und wie sie und ihr Mann alles für sie und ihre fünf Geschwister getan hätten. Die Wirk-

lichkeit der Tochter sah aber so aus: sie erlebte ihre Mutter in ständiger Aktivität, Anspannung und Hektik. Es kam kaum vor, daß sie einmal wirklich Zeit gehabt hätte, um sich den Sorgen und Nöten des kleinen Mädchens zu widmen, nicht einmal, als es krank war. Es herrschte auch nie – so klagte die Frau – eine Atmosphäre der Gelöstheit, in der sich die Kinder richtig wohlgefühlt hätten.

Nähe und Vertrauen, lebendiger Kontakt und Austausch, die von sich aus die Gefühle des jungen Menschen bilden und ihn zum Guten führen, waren bei allem guten Willen und bei aller Anstrengung nicht vorhanden. So ist die junge Frau als Erwachsene heute noch auf der Suche nach der Geborgenheit, die sie als Kind vermißt hatte.

Niemand wird den heroischen Einsatz der Mutter bestreiten, aber auch nicht die heillose Überforderung gutheißen können. Sie hat Wesentliches nicht getan: nämlich die Liebe gezeigt, als die Kinder sie gebraucht hätten. Sie hat es nicht gekonnt, weil sie selbst keinen Zugang zu den Gefühlen hatte.

An diesem Beispiel wird deutlich, welchen Schatten ein Ideal hat, das eigene Bedürfnisse und die Sorge um das eigene Wohlbefinden als unchristlich bezeichnet; denn *den Kindern kann es nur dann gut gehen, wenn es auch der Mutter gut geht.* Eine Auffassung von der Nachfolge Jesu, die eigene Gefühle ausklammert, darf deshalb kritisch hinterfragt werden.

Zu beachten wäre noch, daß die großen Leitfiguren christlicher Nächstenliebe wie der hl. Franziskus, Johannes von Gott, der den Krankenpflegeorden der barmherzigen Brüder gestiftet hat, die berühmte Mutter Teresa und viele andere sich zunächst Raum zu eigener Entfaltung suchten. Mutter Teresa zum Beispiel entschied sich aufgrund eines inneren Anrufs gegen ihre bisherige Ordensgemeinschaft für ihre neue Aufgabe. Dieser „Anruf" setzt aber eine ganz hohe Sensibilität für innere Vorgänge voraus. Wer Gefühle einfach überspringt („verleugnet"), wird nie zu der Kraft und zu der Erfüllung gelangen, die ein solch entbehrungsreiches Leben fordert. Das gewaltige Arbeitspensum, das sie mit ihren Schwestern in einer gelösten und frohen Atmosphäre geleistet hat, war nur möglich, weil auch die entsprechende Energie geweckt wurde. Wie das geschah, ist das Geheimnis ihres Lebens. In der Nachfolge Jesu muß es deshalb primär darum gehen, die Quelle zu erschließen, die uns zum Nächsten hinführt.

Das bloße „Sichopfern" kann wahrlich nicht die oberste Qualität einer Mutter oder einer Ordensfrau sein, die Arbeitswut nicht die eines Familienvaters oder Priesters. Die Kinder werden ihre Eltern eher daran messen, wieviel emotionale Wärme und spontane Güte, wieviel Verstehen und Einfühlen sie für sie aufgebracht haben. Es sind Qualitäten der Person, die nicht vom Willen und von der Selbstverleugnung allein abhängen. Was wir an Werten anderen Menschen vermitteln können, den eigenen Kindern oder denen in der Schule, in unserem Einsatz am Arbeitsplatz oder in der Öffentlichkeit, hängt von unserer menschlichen Reife ab, und dazu gehören wesentlich Lebendigkeit und Sicherheit des emotionalen Bereichs.

Das Wachstum der eigenen Persönlichkeit in die Mitte seiner Bemühungen zu stellen, hat deshalb nichts mit Egoismus zu tun.

Imitation oder Inspiration?

Imitation kommt vom lateinischen imitatio und heißt wörtlich Nachahmung. Der vor allem im Bereich der Kunst gebrauchte Begriff bezeichnet etwas Minderwertiges und Unechtes im Gegensatz zur authentischen Schöpfung eines Meisters, welche durch Inspiration d.h. durch eine Eingebung des Geistes entsteht. Nun wurde für die Nachfolge Christi tatsächlich das Wort „imitatio" also „Nachahmung" gebraucht. Das als „Nachfolge Christi" bekannte asketische Buch von Thomas von Kempen aus dem 15. Jahrhundert heißt lateinisch „imitatio Christi", und es gibt viele Stellen in der Hl. Schrift, die ebenfalls von „nachahmen" sprechen[12]. Ursprünglich war aber mit „nachfolgen" ganz wörtlich ein Begleiten (akolouthein) Jesu gemeint. Dies bedeutete aber zugleich ein Eintauchen in seine Atmosphäre, wo ständig etwas Neues und Unerwartetes geschah, bis hin zu seinem gewaltsamen Tod und zu den Ereignissen nachher. Die Menschen, die mit ihm waren, wurden zuinnerst in die Geschehnisse mit ihren Tiefen und Höhen verwickelt.

Ihr Leben war geprägt von der Eingebung des Geistes Jesu, was nichts anderes ist als Inspiration. Es stimmt sehr traurig, daß trotz guten Willens und höchsten Einsatzes die Nachfolge Jesu in unserer Zeit nicht jene Kraft hat, um überzeugend auf die Menschen auszustrahlen. Es scheint gerade so zu sein, als ob bei der Suche so vieler nach tragenden Lebensinhalten die Nachfolge Jesu als Schreckensvision erscheint, als etwas, was unter allen Möglichkeiten am allerwenigsten in Betracht zu ziehen sei.

Ob es nicht mit dem Mißverständnis des Nachahmens zu tun hat? Das heißt: Außenstehende haben den Eindruck, daß sie sich bei diesem spirituellen Lebenskonzept an einem nur fremden Vorbild ausrichten müssen, über dessen Verbindlichkeit sich die Gelehrten streiten, während die eigene Erfahrung eher verpönt ist.

Jung selbst – er kommt aus einem evangelischen Pfarrhaus – hatte mit diesem Mißverständnis zu tun. In seinem Vortrag bei der evangelischen Pfarrerkonferenz in Straßburg 1931 wies er auf die Problematik der Leute hin (er meinte die Pfarrer), die sich geschäftig um andere kümmern und sich dabei über sich selbst täuschen, vor sich selbst weglaufen und es nicht fertig bringen, sich selbst anzunehmen. „Wir Protestanten sind auf dem besten Weg, zu diesem Problem zu gelangen: Sollen wir die imitatio Christi so verstehen, daß wir sein Leben kopieren, gewissermaßen seine Wundmale nachäffen, oder, ihn *in tieferem Sinn verstehend*, unser Leben so leben, wie er das seinige in seinem eigentlichen So-sein gelebt hat? Das Christusleben nachahmen ist keine leichte Sache; aber es ist unsäglich viel *schwieriger, das eigene Leben so zu leben, wie Christus das seine gelebt hat!*"[13]

Dies meint: auf die Wahrheit des eigenen Lebens so zu achten und darin den Willen Gottes so zu erfüllen, wie Jesus es getan hat.

Damit hat Jung etwas sehr Wichtiges gesehen und gesagt: Bei der Nachfolge Jesu kann es sich niemals um Bevormundung handeln, was ja einer Fremdbestimmung gleich käme, sondern um die Wahrheit des eigenen Lebens, welche in der Nachfolge Christi erkannt und angeregt wird und zum Durchbruch kommt. Mit „Wahrheit" ist das, was man gemeinhin das eigene Wesen nennt, die „innere Natur" oder das Selbst als das Bild Gottes in uns gemeint; es hat mit dem zu tun, was unsere ganz persönliche Eigenart, unsere Individualität ausmacht; es ist jener Kern in uns, der uns Impulse, das ganz Eigene zu riskieren, sendet; eine innere Dynamik, die uns, wenn sie aus dem Urgrund der Seele kommt, zu jener besonderen Form gut zu sein hinführt, die gewöhnlich als die eigene Berufung bezeichnet wird.

Es geht darum, daß wir Gott in uns selbst entdekken. Bei den meisten beginnt es mit dem Empfinden einer maßlosen Einsamkeit, von der sie spüren, daß sie ihnen kein Mensch wegnehmen kann. Der Spur Gottes folgen wir immer dann, wenn wir uns den Sinn für das Echte und für Barmherzigkeit offenhalten.

Im Grunde ist es die meist in den Exerzitien gestellte Frage nach dem Willen Gottes für das eigene Leben. Leider verbindet sich damit bei vielen sofort die Vorstellung vom Kreuz als dem Inbegriff des Schweren, sogar Unerträglichen; denn schließlich hat ja Jesus dazu aufgerufen, sein Kreuz auf sich zu nehmen (Mt 16, 24), und er hat in der Nacht vor seinem Tod die Bitte ausgesprochen, daß nicht *sein*, sondern *Gottes* Wille geschehe (Lk 22, 42). Das Wort vom Kreuz und vom Willen Gottes schreckt aber die meisten ab. Am Leben des hl. Franziskus und anderer großer Gestalten des Christentums sehen wir jedoch ganz anderes. Als ihm aufging, was Gott von ihm wollte, war das für ihn eine beglückende Erfahrung. Es heißt in der Gefährtenlegende: „Wie Franziskus das las – nämlich die Stelle, alles zu verkaufen und es den Armen zu geben (Mt 19, 21), war seine Freude groß, und er dankte Gott."[13a]

Den Willen Gottes zu erkennen ist ein Vorgang, der mit Verstand und Gefühl (mit dem „Herzen„) geschieht und kann niemals bedeuten, daß wir dabei überfordert und bedrückt werden. Der hl. Ignatius erkannte als Kriterium, daß ein innerer Impuls von Gott kommt, wenn wir dabei froh werden; wir können auch sagen: Wenn wir mit uns ins Reine gekommen, mit uns selbst eins geworden sind.

Das Kreuz auf uns nehmen kann nicht bedeuten, daß wir uns zusätzliche Lasten suchen, vielmehr ist vom Bild des Kreuzes her gesehen gemeint, daß wir uns selbst in die Mitte unserer Existenz rücken, wo sich die Linien der verschiedenen Ansprüche unseres Wesens kreuzen; oder anders gesagt, daß wir der Wahrheit unseres Lebens, die ernst und schwer sein kann, ins Gesicht schauen, die aber, wenn sie angenommen wird, beglückend ist.

Weil Gott anders ist, werden wir auch anders sein als der Durchschnitt; es kann sein, daß wir zu Außenseitern und zu Sündenböcken werden; denn alles Böse, mit dem der gewöhnliche Mensch nicht fertig wird, schiebt er denen zu, die sich von ihm unterscheiden. Wer sich mit Folgerichtigkeit dem Anspruch seines Inneren aussetzt, wird es nicht leichter haben. Er kann sogar, wie Jung sagt, auf seine Art wie Jesus verkannt, verachtet, verspottet und gekreuzigt werden.

Jesus als unserem Vorbild ähnlich werden ist deshalb als erstes eine Frage der Wachheit für das, was in uns vorgeht, und für das, was uns froh macht und erfüllt.

Nachfolge – ein durch Christus angeregter Prozeß

Wir kommen der Nachfolge Jesu näher, wenn wir sie weniger als *„so handeln"*, sondern als *„so werden wie er"* verstehen. Es motiviert auch mehr, wenn wir uns sagen: Ich möchte so ähnlich sein wie Jesus: *so frei, so stark, so gelassen, so autonom, so gütig, so spontan und kreativ*. In mir soll etwas von seiner menschlichen Größe durchscheinen. In diesem Bemühen ist die Psychologie durchaus hilfreich. In der Lehre Jungs werden ja die Einheit und Ganzheit der Persönlichkeit, Selbstfindung und Selbstverwirklichung dem Impuls des religiösen Archetyps bzw. des Gottesbildes zugeschrieben.

Als Glaubende dürfen wir sogar davon ausgehen, daß Christus in uns wohnt (Vgl. Gal 2, 2; Joh 17, 22), und zwar genau in diesem Archetyp als dem Kern und der Dynamik unserer Selbstwerdung. Mit anderen Worten: Christus möchte sich in uns verwirklichen. Was Jung als den zukünftigen größeren Menschen bezeichnet, ist der „neue Mensch" im Epheserbrief, „der nach dem Bild Gottes geschaffen ist in wahrer Gerechtigkeit und Heiligkeit" (Eph 4, 24).

Die Schriften des Neuen Testaments legen bei der Nachfolge Jesu den Akzent auf das *Sein*, auf die Schicksalsgemeinschaft mit ihm, nicht auf ein angestrengtes asketisches Bemühen, sondern auf das Handeln Gottes.

Bei Paulus entspricht das Wort nachfolgen (akoluthein) dem ***Sein in Christus*** (einai en Christo). Im Römerbrief spricht er davon, daß wir dem Bild Christi, des Gottessohnes, ähnlich sein werden. „Alle, die er im voraus erkannt hat, hat er auch dazu bestimmt, an Wesen und Gestalt seines Sohnes teilzuhaben, damit dieser der Erstgeborene unter vielen Brüdern sei" (Röm 8, 20). Wenn wir es ernst nehmen, daß Christus im Grund unseres Herzens als die unser Wesen entfaltende Kraft wirkt, dürfen wir seine Nachfolge nicht mehr als eine äußere Übernahme seiner Gebote verstehen, sondern als einen durch seinen Geist angeregten *Wachstums- und Reifungsprozeß*. Weisungen des Evangeliums werden dadurch nicht überflüssig, sondern eigentlich erst wirklich verstanden und kommen so zum Tragen. Am augenscheinlichsten zeigt sich das an der Bergpredigt. Sie wird zur Überforderung und zum Diktat, wenn man Gesetze aus ihr ableitet; denn wer kann schon Antipathie in Sympathie verwandeln, was ja im Gebot der Feindesliebe verlangt ist? Noch deutlicher wird es beim Almosengeben, Fasten und Beten (Mt 6, 1-8). Wer Anerkennung von außen sucht, ist auf dem falschen Weg. Die Motivation muß aus dem Innern kommen, d.h. es sollte bei aller Anstrengung Freude machen. Fasten zum Beispiel ist unerträgliche Last, wenn es nur Vorschrift bleibt. Deshalb wurde es in der Kirche und selbst in den Orden abgeschafft. Inzwischen wurde das Fasten wieder neu entdeckt; man schätzt es nicht nur wegen des gesundheitlichen Wertes, sondern als Weg zu spiritueller Erfahrung. Die Belohnung geschieht von selbst; „dein Vater, der im Verborgenen sieht, wird dir vergelten" (Mt 6,18).

Deshalb kann es nicht heißen, unkritisch die hohen Normen eines Vorbildes übernehmen, selbst wenn es aus Bewunderung und Liebe geschähe, sondern sich inspirieren lassen und *seinen Weg* gehen, der aber dem des Vorbildes ähnlich sein wird. Um es noch einmal zu sagen: Nachfolge sollte nicht als Nachahmung verstanden werden, selbst wenn sie „ehrlich" gemeint ist, sondern als die „Verwirklichung des Vorbildes mit den eigenen Mitteln – Deo concedente – in der Sphäre des individuellen Lebens" (14). Deo concedente heißt mit der Zustimmung und der Gnade Gottes. Der neue, ganze Mensch (Eph 4, 13) ist nicht Ergebnis guter Vorsätze, wohl aber setzt er die Bereitschaft voraus, daß er sich seinem Inneren, d.h. seinen Gefühlen zuwendet.

Soll nun das Vorbild Jesu nicht mehr gelten? Als Zielvorstellung sollte es durchaus immer wieder in uns wachgerufen werden. Entscheidend dabei ist aber, daß wir an den inneren Christus als dem eigentätigen Urbild angeschlossen sind; daß es von innen her seine Anziehung ausübt. Es äußert sich im *Gespür für Echtheit in allen Bereichen*, aber auch für die Tiefe, Lauterkeit und Größe des Lebensglücks. Für den Glaubenden hat Christus im Selbst, in der Mitte der Seele, seinen Platz eingenommen und will uns über diese seelische Instanz in sich verwandeln.

Wenn wir uns voll und ganz diesem Prozeß aussetzen – nach einem alten Spruch der Alchemisten fordert die Kunst d.h. der Wandlungsweg den ganzen Menschen – werden wir wie von selbst im Sinne Jesu überzeugender handeln, als wenn wir nur willentlich, aber verkrampft den hohen Zielen nachjagen. Diese werden dabei nicht aufgegeben, aber anders verstanden und anders erreicht. Im Gleichnis von der wachsenden Saat will Jesus sagen, daß es von selbst (automatike – „automatisch") geschieht (Vgl. Mk 4,26–29).

Spontaneität zum Guten

Jung kritisiert das traditionelle Verständnis, das Christus fast ausschließlich als Kultobjekt sieht. Die bloße Verehrung läßt den göttlichen Vermittler draußen und hindert ihn sogar, in die Tiefe der Seele einzugreifen. Wenn man aus lauter Bewunderung für Jesus oder Franziskus nicht wahrnimmt, was in einem selbst vorgeht, und sich nicht auf diesen Prozeß einläßt, wie sich ihm Jesus selbst, Franziskus und andere Heilige ausgesetzt haben, bleibt man in seiner tiefsten Natur unberührt.

Diese Überlegung kann ein Schlüssel zum Verständnis dafür sein, warum große religiöse und ethische Aufbrüche nach einigen Generationen verflacht und versandet sind.

Es sollte uns zu denken geben, daß der hl. Franziskus heute noch Menschen aller Konfessionen und Religionen anzieht, gerade weil seine Mystik, seine Menschen- und Naturliebe ein Heilmittel für die Not unserer Zeit ist, die franziskanischen Orden aber um das bloße Überleben kämpfen.
Franziskus war ein Mensch, der aus der Inspiration lebte. Alte, schon vorgebahnte und ausgetretene Wege waren ihm zuwider. Er war überzeugt, daß es für ihn etwas ganz Eigenes sein mußte. In seinem Testament schreibt er, daß ihm Gott selbst geoffenbart hatte, nach der Weise des Evangeliums zu leben. Nicht nur die Grundstruktur seines Lebens war Eingebung, sonder auch das ganz gewöhnliche, alltägliche Verhalten entsprang einem schöpferischen Grund.
Hier sollte noch einmal das schon erwähnte Wort „Spontaneität" genannt werden. Franziskus war sie in Person. Die schon angeführte Erzählung des Bruders Leo und seiner Gefährten schildert den Heiligen als „trunken von Liebe und Mitleid mit Christus". „Er konnte" – so heißt es – „zuweilen die süße Melodie, die er in seinem Herzen trug, nicht an sich halten. Oft lief der Geist ihm über und ergoß sich in französischen Lauten; und der göttliche Quell, dessen Raunen sein Ohr im Verborgenen lauschte, brach dann in einem Jubellied in provenzalischer Mundart hervor". „Trunken von Liebe", „der Geist lief ihm über", „der göttliche Quell... brach hervor"... es sind Versuche, jene Seite des Heiligen zu schildern, die ihn unverwechselbar, einmalig, liebenswürdig und anziehend macht, das Gegenteil von Zwanghaftigkeit, Starrheit und Formelhaftigkeit.
Der Bericht fährt fort: „Manchmal hob er von der Erde ein Holzscheit auf, legte es über den linken Arm, nahm mit der Rechten einen Stecken, der ihm zum Bogen diente, und strich damit über das

Scheit, wie wenn er mit der Geige oder einem anderen Instrument spielte. Dazu bewegte er sich in entsprechendem Rhythmus und sang ein französisches Lied vom Herrn Jesus Christus. Zuletzt pflegten sich all diese Lieder und Tänze in Tränen der Rührung aufzulösen, im Gedenken an Christus, und alles in ihm ward zur reinen Seligkeit. Er vergaß, was er in Händen hielt, und ward zum Himmel entrückt"[15].

Wir dürfen dazu sagen: Franziskus war in solchen Stunden unmittelbar an das Leben Gottes angeschlossen. Es mag recht nüchtern klingen, wenn wir den Begriff des „Urbildes" noch einmal hernehmen und die Schilderung als Illustration dessen sehen, wie sich das Urbild Christus unmittelbar ausdrückt.

Es könnte das Mißverständnis auftauchen, daß die „Spontaneität" bei Franziskus vornehmlich ein Schwelgen in religiösen Gefühlen gewesen sei. Weit häufiger ist bei ihm aber der spontane Einfall für eine gute Tat. Oft gab er seinen Mantel einem Bedürftigen, weil er es nicht ausstehen konnte, daß es noch Ärmere als ihn gab; als er einen Mann mit einer schweren Last die Straße entlang keuchen sah, nahm er sie ihm ab und trug sie weiter. Selbst die Ausstattung der Kirche war für ihn nicht unantastbar, wenn es um die Armen ging. Als er einmal sogar die Decke am Altar der Muttergottes weggab, sagte er, es sei der allerseligsten Jungfrau lieber, auf ihr Kleid zu verzichten, als wenn man das Gebot ihres Sohnes verletze. Dasselbe geschah sogar mit der Bibel, der einzigen, die sie hatten. Damals hatte ein Buch immerhin keinen geringen Wert. Der Heilige bemerkte dazu: „Das wird Gott mehr gefallen, als wenn wir die Lesungen daraus hielten"[16].

So gibt es viele Erzählungen, welche seine Liebenswürdigkeit in den unterschiedlichsten Farben schildern. Der Akzent liegt immer darauf, daß Franziskus jeweils unmittelbar aus der Situation handelte und dabei das Richtige traf.

Am augenscheinlichsten wird das, was mit Inspiration gemeint ist, bei dem schon erwähnten Auftreten vor dem Papst und dem Kardinalskollegium. Es heißt, daß er sich dabei allein auf die Bewegung des Heiligen Geistes verließ und nicht auf einen vorher verfaßten Text. Es war sogar so, daß er den hochgestellten Herren eine eindringliche Bußpredigt hielt, von der sie sehr betroffen waren. Franziskus hatte sich sehr wohl vorbereitet, aber nicht durch Auswendiglernen einer Rede, sondern durch die Meditation des Psalmes. Von dieser Art waren auch seine Volkspredigten.

Die Frage ist berechtigt, ob auf der Grundlage des spontanen Einfalls eine Ordensgemeinschaft bestehen kann.

Als die Brüder, die mit ihm leben wollten, immer zahlreicher wurden, war er gezwungen, eine Regel zu schreiben. Sie ist aber so kurz und allgemein gehalten, daß sie Inspiration, also Weisung von innen voraussetzt. Franziskus sagt, „die Brüder sollten allzeit den Geist des Herrn in sich haben", und damit – so darf man folgern – werden sie das Rechte tun. Wie sehr Franziskus das je eigene Suchen nach dem Willen Gottes und dessen Eingebung als den Inhalt des Ordenslebens sah, kommt in dem Satz vor seinem Tod zum Ausdruck: „Ich habe das Meinige getan. Was ihr tun müßt, möge Christus euch lehren."

Die Tragik des Ordens war, daß dieser Auftrag zum jeweiligen Neuaufbruch zu kurz kam, daß die Ordensregel sehr bald zum starren Gesetz wurde. Weil die Regel zu wenig war, brauchte man Satzungen und dann noch eigene Bestimmungen für jede Provinz. Zuguterletzt war das Leben eines Bruders bis ins kleinste „geregelt".

Die Einführung in den Orden bestand darin, den Novizen mit all den „Regelungen" vertraut zu machen, die er dann einzuhalten hatte.
Inspiration, Innenerfahrung, spirituelle und personale Entdeckungen und Entwicklungen, aus denen Franziskus gelebt hatte, wurden immer seltener. Das Einhalten der Verpflichtungen wurde zur Last; es ist verständlich, daß man Erleichterungen suchte. So entglitt dem Orden sein ursprüngliches Profil. Es gab immer wieder neue schöpferische Anfänge bis herauf in unsere Zeit, was große Spannungen innerhalb der Gemeinschaft mit sich brachte. Die Reformzweige erlitten aber ebenso das Schicksal der Erstarrung. Ein Ausweg aus der Wiederkehr desselben wird dann möglich, wenn sich die Einsicht durchsetzt, daß man weder eine bestimmte Lebensform noch die Aufgaben des Ordens für alle Generationen festschreiben kann, sondern daß jede Generation den eigenen Weg, das heißt den inspirierenden Ursprung neu finden muß. Nicht äußere Normen sollten im Vordergrund stehen, sondern die Anregung und Ermutigung, das je eigene Leben zu wagen. Die Angst, damit ginge die Tradition verloren, ist unberechtigt, denn wahrhaft suchende Menschen entdecken unter den Überlagerungen und Verkrustungen des Überlieferten die lebendigen Kostbarkeiten des Ursprungs.

Wo bleibt die Selbstverleugnung?

Es mag der Anschein enstanden sein, daß auf dem Weg der Selbstwerdung alles von selbst ginge, als ob man das Wort „Selbstverleugnung" doch streichen könnte. In Wirklichkeit ist es aber so, daß ohne Arbeit an sich selbst, ohne nüchterne Selbstkritik auch im Prozeß der Individuation nichts läuft. Die Frage ist, worauf Selbstverleugnung abzielt: auf Unterdrückung einer Seite der Persönlichkeit oder auf deren harmonisches Wachstum. Selbstverwirklichung im Sinne der humanistischen Psychologie ereignet sich nicht ohne Selbstdisziplin, auch wenn zunächst das Zulassen von Gefühlen notwendig ist. Gefühle ohne Verstand sind blind und lassen eine Persönlichkeit zerfließen; Intellekt und Wille allein sind kalt, und es geht ihnen im Laufe eines Lebens die Kraft aus.

Um inneres Wachstum anzuregen, braucht es, wie schon gesagt, ein hohes Maß an Wachsamkeit für existentielle Vorgänge einschließlich der Bereitschaft, sich danach umzuschauen, was einen innerlich bereichert und weiterbringt.

Zuerst aber gilt es zu erkennen, was einen daran hindert. Dies ist jener Teil an uns, der uns selbst unsympathisch ist und der uns anderen unsympathisch macht, z.B. daß uns ein verletzendes Wort entfährt und wir die Stimmung verderben; oder umgekehrt, daß uns in einer Situation einfach das rechte Wort nicht einfällt. Es sollte uns bewußt werden, daß jemand in unserem Seelenhaus da ist, der uns immer wieder dazwischenfährt und unsere Pläne durchkreuzt. Jung hat diesen Teil der Seele Schatten genannt. Wenn unser Leben ganz normal verläuft, merken wir kaum etwas davon. Das Thema des Schattens wird erst dann aktuell, wenn wir im Konflikt stehen, wenn wir enttäuscht und verärgert sind, wenn es so nicht mehr weitergeht in der Ehe, in der Familie oder im Beruf.

Wenn Menschen ratlos und verwirrt sind und nicht mehr ein noch aus wissen, dann würde das heißen, daß der Schatten in ihr Bewußtsein eingebrochen ist und es verdunkelt hat. Wir kommen nur dann weiter, wenn wir nicht mehr in Arbeit, Hektik, Alkohol und andere Ablenkungen ausweichen; wenn wir aufhören, uns selbst zu verteidigen, und seien es noch so gut durchdachte und abgesicherte Argumente, sondern wenn wir uns der *Situation stellen*. Dieser Schritt besteht eigentlich nur in der Frage: *Wie geht es mir?* Wenn wir ihr konsequent nachgehen, führt sie uns zu einem Therapeuten bzw. zu einem(r) kompetenten Seelsorger(in); denn die einzige Möglichkeit, in solchen Momenten Sicherheit und Klarheit zu finden, besteht darin, daß wir unsere Gefühle wahrnehmen und sie zum Thema des Gesprächs machen. Dies geschieht in der beratenden – therapeutischen Situation. Dies ist insofern so schwierig und kostet einen hohen Grad an Selbstüberwindung, weil damit die demütigende Einsicht verbunden ist, daß auch wir am Konflikt unseren Anteil haben; und daß auch wir, nicht nur die anderen, eine Menge dunkler Eigenschaften besitzen und deshalb eine tiefgreifende Arbeit an uns selbst nötig hätten. Zugeben müssen, daß man eine Psychotherapie braucht, kommt einer moralischen Niederlage gleich. Durch nichts kann man einen Menschen mehr kränken, als wenn man ihm sagt – selbstverständlich wohlmeinend – er soll zum Therapeuten gehen.

Es fällt auf, daß bei Ehekrisen meist die Frau in die Beratung kommt, während der Mann es weit von sich weist, seine (scheinbare) Sicherheit in Frage stellen zu lassen. Es ist einfach dem eigenen Stolz zuwider, das durchgängige Gefühl, recht zu haben, aufzugeben.

„Der/die andere ist an meinem Unglück schuld"?

Weil dieser Schritt – eben die Selbstverleugnung – so schwer fällt, verlegen wir alles Böse in den oder die Menschen, mit dem oder mit denen wir in Konflikt sind. Fast ausnahmslos sehen wir die Ursache unseres Ärgers oder unseres Scheiterns im anderen, im persönlichen, weltanschaulichen oder politischen Gegner.

Die Feindbilder überprüfen

An nichts halten wir mehr fest, als an unseren Idealen, d.h. Wertvorstellungen, und an unseren Feindbildern. Unser Muster, Gutes und Böses zu verteilen, verläuft immer so, daß wir diejenigen sind, die Edles wollen, hingegen der uns zugewachsene oder gewählte Feind nur Bosheit im Schilde führt. Es fällt auf, daß religiöse Menschen solchen Mechanismen genauso wie andere unterliegen. Früher waren es die Protestanten, dann die Kommunisten, auf die alles Böse abgeladen werden konnte; heute sind es die Gegensätze zwischen den verschiedenen kirchenpolitischen Richtungen.
Das Lamento über die Krise in der Kirche mündet bei den einen einhellig in den Vorwurf an die Kirchenleitung, sie sei schuld an allem, sie unterdrücke die Freiheit des Geistes, sie bremse die Entwicklungen, sie stelle sich gegen vernünftige Forderungen. Die andere Seite sieht genau in diesen Äußerungen nach mehr Freiheit die Aushöhlung des Glaubens. Man verketzert sich gegenseitig und wirft einander Unglaube vor. Es ist im Grunde jenes Stück Unglaube, mit dem jeder zu ringen hat, das man aber nicht bei sich selbst, sondern beim anderen zu bekämpfen versucht.
„Weil der andere *so* ist, so eigensinnig, so abweisend, so kalt, so wenig flexibel, so unmöglich, deshalb bin ich nicht zu dem gekommen, was ich mir unter meinem Leben vorgestellt habe", so

lautet vielfach die Klage über das eigene unglückliche Dasein. „Du hast mich nicht glücklich gemacht", sagte eine schwer depressive Frau zu ihrem durchaus verständnisvollen Mann.
Die gegenseitigen Schuldzuweisungen von Eheleuten, von politischen Parteien und von Richtungen innerhalb der Kirche sind anschauliche Beispiele für das, was Jung die Projektion des Schattens nennt. Immer sind es die anderen, die das Gute verhindern; „wenn sie so wären wie ich bzw. wie wir sie uns vorstellen, wäre alles in bester Ordnung", so denken die meisten. Nun mag bei allen Vorwürfen rein objektiv auch viel Wahres enthalten sein; der eigentliche Fortschritt, die Auflösung der Pattsituation der gegenseitigen Blockierung gelingt nur dann, wenn zumindest ein Teil die Verantwortung für sich selbst voll und ganz übernimmt. Zunächst ist jeder für seine eigene Befindlichkeit und für seinen eigenen Glauben zuständig und sollte hinschauen, was in ihm selbst an Ängsten, an Ressentiment, an Zorn, an offenen seelischen Wunden und Verletzungen, an blockierten Gefühlen und Verhärtungen vorhanden ist. Wenn wir den Blick nach innen wenden und über unser wahres Wesen Betroffenheit zulassen, das trotz hoher Position in der Öffentlichkeit recht ärmlich und dürftig sein kann, dann lockern wir auch den Würgegriff am anderen. Wir sehen ein, daß wir an uns selbst zunächst einmal eine große Aufgabe haben, und hören auf, ihm Vorwürfe zu machen. Damit beginnt auch die Beziehung sich zu ändern. Jung sagt zur Zurücknahme der Projektion des Schattens: „Es tritt dann die Aufgabe an das Subjekt heran, alle jene *Gemeinheit und Teufelei*, die man ungescheut dem anderen zugetraut und worüber man sich ein Leben lang entrüstet hat, auf *eigene Rechnung* zu übernehmen." Es ist leicht einzusehen, daß das Leben wesentlich erträglicher

würde, wenn jeder so handelte. Es ist aber äußerst schwer, dieses Prinzip bei sich selbst anzuwenden. „Wenn es der andere täte – man könnte sich nichts Besseres wünschen; wenn man es aber selber tun sollte, so findet man es unerträglich", so Jung und bestätigt damit die Wichtigkeit der Selbstverleugnung im Rahmen des inneren Weges[17].

Die eifrige Beschäftigung mit äußeren Gegebenheiten, mit den „Strukturen", kann ein Davonlaufen vor sich selbst sein. Man darf Jung recht geben, wenn er sagt, daß es das Allerschwierigste sei, sich selbst in seinem erbärmlichen So-sein anzunehmen: „Deshalb zieht man mit Vergnügen und ohne Zögern das Komplizierte vor, nämlich das Nichtwissen um sich selbst und die geschäftige Bekümmerung um andere und anderer Schwierigkeiten und Sünden. Dort winken sichtbare Tugenden, welche die anderen und einen selbst wohltätig täuschen. Man ist – Gott sei Dank – sich selbst entlaufen"[18].

Die Wende der Aufmerksamkeit vom anderen auf sich selbst, von außen nach innen ist ein wesentlicher Teil dessen, was in der Hl. Schrift „Umkehr" (Metanoia) genannt wird (vgl. Mk 1, 15).

Die Gemeinheit, die man dem anderen zutraut, auf eigene Rechnung nehmen, das ist mehr als die herkömmliche Gewissenserforschung bei der Beichte, sie kann sogar ganz anders verlaufen. Wenn sich jemand z.B. anklagt, daß er hochmütig sei, andere entwertet und das Gute bei seinen Kollegen nicht ertragen kann, ist das ein Zeichen seiner inneren Unsicherheit, sein Mangel an gewachsener Identität. Der Weg der Besserung beginnt nicht damit, daß man nun sich selbst entwertet, sondern lernt, sich selbst mehr zu spüren, tiefere Gefühle zuzulassen, mit sich selbst mehr in Kontakt zu kommen. Bei Gesprächen stellt sich immer wieder heraus, daß es der zugelassene und ausgesprochene Schmerz ist, der, gerade wenn er von Tränen begleitet ist, zu einer Beruhigung und Gelassenheit führt und Leere, Unsicherheit und Zweifel überwindet. Es ist ein Schritt, mehr bei sich selbst zu sein und andere lassen zu können, wie sie sind und wo sie sind.

Bei der Selbstverleugnung kann es nicht darum gehen, sich selbst auszuklammern, vielmehr sich *selbst anzuschauen*, Kritik an sich heran zu lassen und zu prüfen, was daran richtig ist, und nicht sofort wütend zurückzuschlagen. Das kann weh tun, das kann ein langes Gesicht verursachen, das kann einen zunächst einmal vom hohen Roß der vermeintlichen Selbstsicherheit, des Über-alles-Bescheidwissens herunterholen. Aber es ist der einzige Weg, wenn man den Wunsch und die Hoffnung in sich trägt, daß sich in einer Ehe, in einer Familie, in der Kirche und in der großen Gesellschaft etwas auf Dauer bessern soll.

Die großen Anklagen, die mit bitteren und verletzenden Worten und oft genug mit der entsprechenden Stimme dem/der Ehepartner/in, der Institution Kirche oder der Gesellschaft entgegengeschleudert werden, haben von sich aus noch nie zum Guten verändert, sie haben Feindbilder erzeugt und bestätigt, aber ebenso Abwehr und Gegenreaktion verstärkt. Den wenigsten ist klar, daß hier der Schatten in allen Parteien seine Eigendynamik entfaltet, meist zum Schaden aller. So wichtig es ist, mit seinem eigenen wirklichen Gefühl in Kontakt zu kommen, so falsch ist es, es blind auszuleben. Annehmen des Schattens heißt nicht, sich in dessen Dunkelheit hineinziehen lassen, dabei den Kopf verlieren und neuen Schaden anrichten, sondern eher, bei seinem ganz eigenen Schmerz und seiner Trauer ankommen, ihnen Worte verleihen und, wenn möglich, einem vertrauten Menschen die Geschichte seiner seelischen Wunden erzählen. Sobald der Dämon

der Unzufriedenheit, der Verzweiflung und der Einsamkeit wie bei dem Besessenen von Gerasa einen Namen erhält (Vgl. MK 5, 9), verliert er von seiner überlegenen Macht.
Die äußert sich darin, daß wir besser differenzieren und wahrnehmen können, etwa die Zusammenhänge einer (kirchen-) politischen Entscheidung, daß wir nicht nur Machtgier und Egoismus einzelner vermuten; daß es auch gute Gründe gibt, so oder so zu handeln; daß der Ehepartner auch mit seiner Not zu ringen hat und daß er mir auch viel Gutes getan hat; daß lehrende und leitende Personen in der Kirche nicht unbedingt engstirnig und abgehoben sein müssen, sondern daß echte menschliche Begegnungen möglich sind. Bei einer Veranstaltung mit Eugen Drewermann und Jacques Gaillot mit dem Thema „Der Traum von Menschlichkeit" fiel auf, daß edle Ziele beschworen wurden, aber das Feindbild „kirchliche Hierarchie" voll und ganz zum Tragen kam; daß hier der Schatten von E. Drewermann gewaltig mit her einspielte (nicht von J. Gaillot).
Die *eigenen Feindbilder überprüfen* – damit beginnt eine *neue Menschlichkeit*.
Nun stellt sich aber doch die Frage: Kann jedes Problem durch die Annahme des eigenen Schattens gelöst werden – es gibt doch, wie schon gesagt, Verhältnisse, die unerträglich sind? Wie ist es in einer Ehe, wo ein Partner Wege geht, die dem anderen nicht zuzumuten sind? Die Geschichte mancher Ehe verlief so, daß die Frau trotz ständigen Leidens geblieben ist, obwohl ihr Mann sie dauernd betrogen, sogar geschlagen hat und daß die Kinder diesem ungutenVerhältnis entsprechend litten. Der Schatten der Frau war wohl ihr mangelndes Selbstbewußtsein, ihr unreflektierter Wunsch nach Nähe, ihre Angst, verlassen zu werden und ganz auf eigenen Füßen stehen zu müssen. Sie hat sich diesem

Schatten nie gestellt und nie eine Entscheidung getroffen, die dem Schrecken ein Ende gemacht hätte. Genau dies wäre ihre Form der Selbstverleugnung gewesen – nämlich aus dem infantilen Zustand der Abhängigkeit in den der Selbstachtung der Erwachsenen zu gelangen.

Wenn Jesus die Selbstverleugnung so sehr in den Mittelpunkt der Nachfolge stellt, dann deshalb, weil sie der Schlüssel zur Selbsterkenntnis, zum Weg nach innen und zugleich zu einer dauerhaften friedlichen Veränderung der Verhältnisse ist. Jenes Wort aus der Bergpredigt sollten wir mehr berücksichtigen, gerade wenn wir über die Verhältnisse klagen: „Was siehst du den Splitter im Auge deines Bruders, und den Balken in deinem Auge beachtest du nicht? Oder wie kannst du deinem Bruder sagen: Laß mich den Splitter aus deinem Auge ziehen, und siehe, in deinem Auge ist der Balken? Du Heuchler! Zieh erst den Balken aus deinem Auge, und dann sieh zu, wie du den Splitter aus deines Bruders Auge ziehst!" (Mt 7, 3–5).

Jesus hat damit schon längst vor Jung das Problem, das dieser Projektion und Rücknahme des Schattens nannte, erkannt. Der Balken im eigenen Auge – ein gutes Bild für die verstellte und verzerrte Sicht ähnlich wie das Wort vom Schatten, dessen Dunkelheit unsere „Wahr"nehmung beeinträchtigt. Den Schatten erhellen, den Balken aus dem Auge nehmen, ist eine Aufgabe, die uns immer neu herausfordert.

Ohne Selbstverleugnung geht es nicht

Selbstverleugnung wird immer dann aktuell, wenn ich gefordert bin, dem Gesprächspartner, dem politischen und weltanschaulichen Gegner die

Freiheit seiner Entscheidung und Ansicht zuzugestehen. Es kostet Wachheit und Aufmerksamkeit, dem anderen nicht meinen Willen und meine Sicht der Dinge *aufzwingen* zu wollen. Ich muß mich so weit zurücknehmen, daß der andere *in Ruhe* zu seiner Entscheidung kommen und dazu stehen kann. Im Grunde ist bedingungslose Wertschätzung und das Verstehen des anderen nicht ohne Selbstverleugnung möglich. Wenn es mir gelingt, andere nicht zu vereinnahmen, sie nicht unter Druck zu setzen, sondern ihnen Raum für eigene Entwicklung und Entfaltung zu gewähren, dann habe ich den Sinn von Jesu Auftrag zur Selbstverleugnung verstanden. „Der Menschensohn ist nicht gekommen, sich bedienen zu lassen, sondern um zu dienen und sein Leben hinzugeben als Lösegeld für viele" (Mk 10, 45). Jesus hat bei Martha und Maria in Bethanien nicht in der Küche geholfen, er hat nicht im üblichen Sin gedient (vgl. Lk 10,38-42) ... aber er hat die Jünger nicht auf sich eingeschworen und nicht fanatisiert, sondern eher ihren *blinden Eifer gebremst!* Indem er seiner innersten *Wahrheit gehorchte*, den Willen Gottes erfüllte, setzte er die gewaltige Energie der *Nähe* Gottes, der existentiellen Tiefe, auch in den Jüngern frei. Seine Art des Dienens war, daß er durch seine Treue zur Wahrheit eine Atmosphäre der Freiheit stiftete, die den einzelnen ansteckte, und durch seinen Tod und seine Auferstehung den Geist freisetzte.
Selbstverleugnung bedeutet deshalb, die Aufmerksamkeit von außen nach innen zu lenken, bewußt seiner inneren Stimme zu folgen in einem ständigen Suchen und Wachsen und sich von der Überzeugung leiten zu lassen: „Was immer in der Welt verkehrt sein mag, davon ist auch etwas in mir!"

Niemand kann mich daran hindern, mich selbst zu verändern.

Man kann es auch positiv formulieren. Wer wegen der Verhältnisse resignieren möchte, weil einfach nichts zu machen ist, darf sich sagen: Wenn ich schon an den äußeren Gegebenheiten nichts ändern kann, so kann mich niemand daran hindern, mich selbst zu verändern. Dies soll heißen: daß ich lerne, mich abzugrenzen, genau zu unterscheiden, was das Meine und das des/der anderen ist; daß ich zu einer Entscheidung in Verantwortung befähigt werde, mit der ich selbst und andere leben können, auch wenn es eine Trennung ist. Wenn ich für mein eigenes inneres Wachstum genügend sorge, komme ich so nach und nach zu der Freiheit und Kraft, daß ich mir das Unglücklichsein von anderen nicht mehr aufzwingen lasse. Es kann sein, daß ich genau in derselben Situation bleibe – z.B. in einer Familie – aber daß ich mich von der Depression des anderen nicht mehr anstecken lasse, sondern daß sogar mein Wohlbefinden auf die (den) andere(n) abfärbt.

Wichtig ist, daß wir in uns selbst die Quelle finden, die unser Zufriedensein gewährleistet. Wenn wir unsere Kreativität entdeckt haben, wenn wir mit unseren Impulsen, Einfällen und Kräften verbunden sind, üben wir auf unsere Umgebung einen Einfluß aus – gewiß auf ganz andere Weise, als wir es uns im Konflikt vorgestellt hätten.

Selbstverleugnung im Sinne Jesu kann deshalb nicht heißen, der eigenen Persönlichkeit abschwören, die tragenden und nährenden Lebensstränge abschneiden, sondern den Fluß der alltäglichen, selbstverständlichen, aber doch so schädigenden und lebensfeindlichen Abläufe des seelischen Haushalts anhalten, sich selbst einmal aus der

Distanz sehen und den heilenden Kräften in sich eine Chance geben.

Nachfolge ist Bewußtheit – nicht Blindheit

Beschämt und ratlos stehen wir so oft vor der Tatsache, daß im kirchlichen Raum, gerade oft in kirchlichen Gemeinschaften, Menschen zutiefst verletzt und entwürdigt werden. Das Paradoxe daran ist, daß Täter und Opfer die Nachfolge Jesu, d.h. sein Liebesgebot, gleichermaßen zu ihrem Lebensprogramm gewählt haben, daß sich die Verursacher des Leids meist auf den höheren Auftrag berufen und sich so im Recht glauben; daß sie aber auch Täter und Opfer in einer Person sein können; daß man verletzt, weil man verletzt wurde. Gerade der edle Eifer, der aus religiösen Wurzeln kommt, kann ziemlich blind sein. Paulus bescheinigt dem jüdischen Volk, aus dem er selbst stammt, „Eifer für Gott, aber nicht in rechter Erkenntnis" (Röm 10, 2). Damit bekennt er auch ein Stück seiner Lebensgeschichte, deren entscheidende Wende durch innere Erleuchtung d.h. Bewußtwerdung bedingt war. Dieselbe Blindheit, in welcher der junge Saulus befangen war, war es, die Jesus ans Kreuz lieferte. Jesus hat bei seinem Sterben für seine Feinde um Vergebung gebeten mit den Worten: „Denn sie wissen nicht, was sie tun" (Lk 23, 34).
Es war der Schatten einer Religiosität, die alle Gründe auf ihrer Seite hat, die sogar im Auftrag und nach dem Willen Gottes zu handeln glaubt. Eine Situation, die sich in der Geschichte der Christen immer wieder ereignet bis auf den heutigen Tag.
Weil es die Aufgabe Jesu, sogar sein Wesen war, das Dunkle zu erhellen – er ist das Licht der Welt

(Joh 8, 12) –, wurde er mit den Schattenkräften konfrontiert. Denken wir an die Frau, über die die Gesetzeslehrer ein Urteil wegen Ehebruchs fordern (Joh 8, 1-9). Jesus meistert die peinliche Situation, indem er seine Gegner auf ihren Schatten anspricht: „Wer von euch ohne Sünde ist, der werfe als erster einen Stein auf sie" (Joh 8, 9). Er stellt die dunklen Anteile der Ankläger in die Mitte, dorthin, wo die Frau steht. Indem er auf diese Weise das sonst Nichtausgesprochene bewußt macht, führt er die Wende herbei. Jesu Wort: „Auch ich verurteile dich nicht" (Joh 8, 11) kommt aus einem Menschen, der um das Licht und die Größe Gottes, aber ebenso um die Abgründe des menschlichen Herzens weiß.

Die Kritik Jesu an den Frommen seiner Zeit richtet sich gegen ihren Mangel an Sensibilität für das, worauf es eigentlich ankommt. „Ihr berechnet den Zehnten von Minze, Dill und Kümmel, doch was von größerem Gewicht ist im Gesetz, das vernachlässigt ihr: das Recht und die Barmherzigkeit und die Treue. Dies soll man tun und jenes nicht unterlassen" (Mt 23, 23). Blinde Wegweiser nennt sie Jesus, welche die Mücke seihen, das Kamel jedoch verschlucken (Mt 23, 24).

Umkehr im Sinne Jesu kann also nicht primär bedeuten, den Eifer im Religiösen zu mehren, sondern sich hinzusetzen und zu überprüfen, was man tut und wie man es tut, was man sagt und wie man es sagt.

Die Gebote Jesu, wollen wir sie ernst nehmen, erfordern nicht nur guten Willen und Einsatz, sondern auch viel Verstand und Überlegung.

Um auf die Geschichte von der Ehebrecherin zurückzukommen: die Bewußtwerdung beginnt beim **Respekt** vor der Würde, vor dem Schicksal und der Geschichte eines ganz konkreten Menschen. Wenn wir davon Abstand nehmen, ihn in eine Schablone zu pressen, ihn einzuordnen, ihm das Schlimme zu unterstellen, das wir selbst nicht bewältigt haben, dann kommt unser bisheriges Weltbild, wo wir selbst auf der Seite der Guten stehen, ein wenig durcheinander. Wollen wir es wieder ordnen, dann müssen wir zunächst die Motivation, die uns antreibt, genauer anschauen und sie gut unterscheiden von den edlen Zielen, hinter denen wir angeblich stehen. Wie häufig kommt es vor, daß wir jemand böse sind, weil er weggeht aus der Ehe, aus der Familie oder aus einer kirchlichen Gemeinschaft. Meistens glauben wir, daß wir schon von vornherein im Recht sind, weil wir ja eine intakte Familie oder eine blühende Ordensgemeinschaft wollen. In Wirklichkeit spielt aber unsere ganz persönliche Verunsicherung mit hinein, die Anzeichen unserer psychischen Schwäche und unseres Mangels an Selbstwerdung und emotionaler Selbständigkeit ist. Wer genügend Kraft aus den Tiefen des eigenen Selbst schöpft, kann auch einen Menschen in Frieden ziehen lassen, weil er den Besitzanspruch an ihn aufgegeben hat.

Ein Abschied kann sehr schwer und schmerzlich sein. Aber wir sollten unsere ganz persönliche Kränkung und die moralischen Ansprüche an den anderen gut auseinanderhalten. Wir werden vielleicht auch merken, daß dahinter auch noch eine ganze Menge an Rache- und Vergeltungswünschen steckt. Wir kommen dann weiter, wenn wir uns um unsere eigene Befindlichkeit kümmern. Sobald wir unser seelisches Gleichgewicht erlangt haben, können wir den anderen gelassener und gerechter betrachten.

Wie es uns weiterhilft, unsere B e w e g g r ü n d e zu erforschen, so wichtig ist es auch, um die W i r k u n g unseres Redens und Tuns zu wissen. Es gibt eine Art zu reden, die Anwesende entwertet und verletzt., die zum Streit herausfordert oder ein Gespräch verstummen läßt, weil Widerspruch zwecklos erscheint. Wenn einer über alles und jedes Bescheid weiß und jeden Einwand und jede andere Sicht der Dinge von vornherein ausschließt, legt sich bleierne Schwere über die Atmosphäre, und der Redner merkt selbst meist gar nicht, daß er der Auslöser des allgemeinen Unbehagens ist.

Es gibt auch eine Form des Redens, die wohltut, weil sie die Zuhörer sowohl an der inneren Welt des Redners teilhaben läßt, als auch zum eigenen Denken und Sprechen ermutigt. Der Vortragende versteht seine Formulierungen so zu wählen, daß andere nicht aus-, sondern eingeschlossen werden. Er zeigt, daß er die Seite des ganz persönlichen Schicksals kennt, besonders wenn es um Themen geht, wo Menschen sehr verletzbar sind und wo viel Einfühlung erforderlich ist, wie etwa bei Sexualität, Ehescheidung, Abtreibung und auch bei religiösen Fragen.

In jeder Aussage sollte man die Nähe zur Wirklichkeit, die Liebe zum einzelnen Menschen und zur Wahrheit zugleich spüren.

Weiß man, was man sagt?

Außenstehende gewinnen den Eindruck: die Sprache der kirchlichen Verkündigung trifft nicht die Wirklichkeit. Man spreche von Sünde, Erlösung und Heil, wisse aber nicht wirklich um die existentielle Not heutiger Menschen und auch sehr wenig von dem mühsamen Weg, aus ihr herauszufinden. Die Vermutung ist nicht unbegründet, daß gerade die mangelnde Sensibilität für die wirklichen Gefühle der Menschen jene unsichtbare Mauer aufbaut, welche von der Kirche trennt. Anders ausgedrückt: In der Kirche fühlen sich vornehmlich jene wohl, die selbst nie in eine Krise geraten, auch nicht zum eigenen Denken erwacht sind, während die kritischen Geister kein Verständnis finden.

Der Hauptvorwurf vieler lautet: In dieser Gemeinschaft darf ich nicht (selbständig) denken und leben, d. h. meine Gefühle nicht zulassen. „Wenn ich kirchliche Moralvorschriften ernst nehme, fühle ich mich ständig eingeengt." Es ist nicht leicht, das zu widerlegen. Ist das Wort „Selbstverwirklichung" im kirchlichen Bereich vielleicht deshalb so verpönt, weil es einfach den herkömmlichen Rahmen der geistigen Enge und emotionalen Dürre sprengt?

Anfragen dieser Art müssen nicht in allem berechtigt sein; doch sie sind hilfreich, um unseren Schatten, das, was gewöhnlich vermieden wird, aufzudecken und uns zu einer tieferen und wahrhaftigeren Erkenntnis unserer selbst zu führen. An Punkten wie diesen entscheidet sich, ob Kirche auch in einer säkularisierten und sogar feindlichen Umgebung Zukunft hat.

Wenn Selbstverwirklichung feste Identität und die Fähigkeit zu dauerhaften, emotionalen Bindungen bedeutet, kommt gerade dies dem berechtigten Bestreben der Kirche nach intakten Familien und Ehen entgegen. Um es ganz einfach zu sagen: Mit einem Menschen zu leben, der schöpferische Ideen, Einfühlungsvermögen und emotionalen Reichtum hat, ist anregend, wohltuend und interessant. Und viele interessante Menschen ergeben eine interessante Kirche. Falsch wäre es zu meinen, daraus ergebe sich nun eine neue (Über-) Forderung an alle, die in der Verkündigung stehen. In Wirklichkeit ist es genau umgekehrt: Je mehr ein Mensch die eigene Befindlichkeit, Enttäuschung, Mutlosigkeit, Ärger und Zorn ins Visier nimmt und damit umzugehen weiß, desto näher ist er auch bei denen, an die er seine Worte richtet, weil er weiß, wovon er spricht. Das Thema der Selbstverwirklichung ist in der Kirche immer noch mit Vorurteilen und negativen Affekten behaftet. Es wurde schon gesagt: Wie selbstverständlich verbindet sich damit die Vorstellung von eiskaltem Egoismus, wohingegen christliche Existenz im Dasein für andere in der Nächstenliebe bestehe. Es ist wahr, daß das Christentum im Laufe seiner Geschichte im Dienste an den Armen, Kranken und Schwachen Großes geleistet hat. Die Kritik, die heute auf breiter Basis erhoben wird, lautet jedoch: Die christliche Nächstenliebe hat dann aufgehört bzw. endet immer noch, wenn es um gegenseitige Toleranz geht. Was sich Christen gegenseitig um des rechten Glaubens willen angetan haben, überschreitet weit das Ausmaß der heidnischen Verfolgungen, so die Gegner des Christentums. Man muß zugeben, daß die Christen in diesem Punkt blind waren und es zum Teil immer noch sind.

Nicht deutlich genug kann gesagt werden, daß „den anderen verstehen" ein anderes Wort für „Liebe" ist; jedoch ist diese nicht nur eine Sache des guten Willens. Den anderen aushalten, anerkennen oder sogar mögen, weil er anders ist, setzt starke Persönlichkeiten, entwickelte Individuen voraus. Es braucht geistige Weite und emotionale Kraft, um die Gelassenheit auch dem (der) gegenüber aufzubringen, der (die) meiner tiefsten Grundüberzeugung widerspricht oder sie sogar angreift. Zu dieser Reife zu kommen ist das Anliegen, das mit Selbstfindung, Selbstwerdung und Selbstverwirklichung umschrieben werden kann.

Es ist eine Tatsache, daß heute die Menschen sensibler geworden sind für individuelle Freiheit, gerade im Bereich des Religiösen und der ganz persönlichen Gefühle. Sie suchen Räume, wo ihr geistiges, emotionales und spirituelles Leben Platz hat und sich entfalten kann. Als Christen kommen wir diesem Suchen entgegen, wenn wir uns auf unsere Selbstwerdung in der Nachfolge Jesu einlassen; denn wo sein „Geist ist, da ist Freiheit" (2 Kor 3, 77).

4. Macht die Lehre Jesu neurotisch?

Kritik am Christentum

Die Angriffe, die heute gegen das Christentum geführt werden, lassen sich in diesen wenigen Worten zusammenfassen: Das Christentum hat durch seinen Absolutheitsanspruch die Freiheit des Denkens und der Gefühle verboten. Statt dessen herrschen Intoleranz und Bedrücktheit. Man muß zugeben, daß sich das voll pulsierende Leben eher außerhalb der Kirche abspielt, ja sogar oft spirituelle Aufbrüche mehr außen anzutreffen sind.
Schon Friedrich Nietzsche hat im 19. Jahrhundert gegen ein blutleeres Christentum protestiert und ihm Lebensfeindlichkeit vorgeworfen. „Christlich ist der Haß gegen den Geist, gegen Stolz, Mut, Freiheit, Libertinage des Geistes; christlich ist der Haß gegen Sinne, gegen die Freude überhaupt", so Nietzsche in seinem Traktat „Umwertung aller Werte, der Antichrist" (19). Selbst wenn dieser leidenschaftliche Verfechter eines modernen Atheismus schon 100 Jahre tot ist, trifft er mit diesen Worten das Lebensgefühl eines breiten Teiles der heutigen Bevölkerung. Die Lehre Jesu, nicht nur die der Kirche, steht gegen das volle, echte Gefühl, sagen die Gegner des Christentums.
Der Begründer der Tiefenpsychologie Sigmund Freud hat gegen die Religion im allgemeinen den Vorwurf erhoben, daß sie die Menschen im Zustand der Kindheit halte. In seiner Schrift „Die Zukunft einer Illusion" heißt es: „Alles ist das Sohn – Vater – Verhältnis, Gott ist der erhöhte Vater, die *Vatersehnsucht* ist Wunsch des religiösen Bedürfnisses"[20]. *Ohnmacht* und *Hilflosigkeit* spielten die größte Rolle bei der Religionsbildung, so Freud.

„Wenn nun der Heranwachsende merkt, daß es ihm bestimmt ist, immer ein Kind zu bleiben, daß er des Schutzes fremder Übermächte nie entbehren kann, verleiht er diesen die Züge der Vatergestalt, er schafft sich die Götter, vor denen er sich fürchtet und denen er doch seinen Schutz überträgt."[20a] Sobald ein Mensch *erwachsen* wird, legt er die Religion wie eine Kindheitsneurose ab. „Dabei drängt sich ihm (dem Psychologen d. V.) die Auffassung auf, daß die Religion einer **Kindheitsneurose vergleichbar sei**, und er ist optimistisch genug, anzunehmen, daß die Menschheit diese neurotische Phase überwinden wird, wie so viele Kinder ihre ähnliche Neurose auswachsen."[21] Heute, nach mehr als zwei Generationen, seitdem Freud dies geschrieben hat, scheint ihm die Entwicklung recht zu geben. Der Abschied von Kirche und Christentum geht mit Bildung und Verstädterung Hand in Hand. Das heißt, je mehr die Menschen zum eigenen Denken erwachen und die Freiheit in der Anonymität der Großstadt wahrnehmen, um so eher lösen sie sich von den Vorgegebenheiten einer christlichen Tradition, die sie als einengend und lebensfremd empfinden. Um es noch einmal zu sagen:
Geistige Bevormundung, emotionale und spirituelle Dürre, Mangel an schöpferischem Geist sind die Vorwürfe, die gegen die Kirche erhoben werden. Aber treffen sie das Wesentliche des Christentums?

Die Lehre Jesu: Überforderung oder Entlastung?

Wie ist das nun mit der Kirche und Jesus? Hat sie Jesus nicht verstanden und ist seine ursprüngliche Idee verlorengegangen, oder geht die beklagte Einstellung auf Jesus selbst zurück?

Der sympathische Jesus: der Befreier vom Gesetz und der Freund der Menschen

Man stelle sich einmal folgende Szene vor: Ein geistlicher Würdenträger sitzt bei einem Essen mit den Honoratioren der Stadt; da kommt eine Dame aus dem Rotlichtmilieu und erweist ihm lang anhaltend Zärtlichkeiten. Und dieser läßt sich das gerne gefallen. Die Szene brächte eine dicke Schlagzeile in der Boulevardpresse, und auch der Ruf des Mannes wäre ruiniert.
Eine ähnliche Szene berichtet der Evangelist Lukas vom Stifter unserer Religion, von Jesus. Gewiß, damals hat man Anstoß genommen, aber heute ist gerade diese Erzählung Anlaß für viele, vor allem jüngere und kritische Menschen, Jesus als äußerst sympathisch zu empfinden; als einen, der Gefühle zuläßt, der nicht verurteilt, der sich gegen harte und uneinsichtige Gesetze wendet.
Wir können noch weitere Beispiele anführen, die zeigen, wie sehr es Jesus um den Menschen, um jeden persönlich, und nicht um die Einhaltung des Gesetzes geht. Wir kennen die Auseinandersetzung um das Ährenpflücken am Sabbat (bei Mt 12,1–8, Mk 2,23–28, Lk 6,1–5), wo gesagt wird, daß der Sabbat um des Menschen willen da sei und nicht der Mensch um des Sabbats willen und daß der Menschensohn auch Herr über den Sabbat ist (vgl. Mk 2,27). Jesus hat auch am Sabbat geheilt: einen Mann mit einer gelähmten Hand (vgl. Mk 3, 1–6), eine gekrümmte Frau (Lk 13, 10–17), ebenso einen Wassersüchtigen (Lk 14,1–6). Es ließen sich noch viele Textstellen anführen, welche die Freiheit Jesu vom Gesetz belegen, und daß er deswegen in Konflikt mit den damaligen religiösen Führern geriet. Er galt als Freund der Zöllner und Sünder, so zitiert Jesus selbst seine Gegner (vgl. Mt 11,19).

Freiheit und Liebe werden von modernen Bibelwissenschaftlern als die „Sache Jesu" bezeichnet[22]. Überall dort, wo sich Jesus gegen starre Gesetzesauslegung und gegen eine Religiosität stellt, welche die Lebendigkeit des Ursprungs verloren hat, stößt er in unserer Zeit durchaus auf große Aufnahmebereitschaft. Man sieht sich bestätigt in der Kritik an der Kirche und deren starren Moralvorschriften und an einer verlogenen Gesellschaft. Mit einem Jesus, der von den Lasten einer einengenden und bedrückenden Tradition befreit, kann man sehr wohl etwas anfangen.

Der andere Jesus

Ist das nun aber der ganze Jesus? Es gibt Aussagen, die wesentlich anders klingen, besonders in der Bergpredigt. Hören wir die wichtigsten Stellen:
Denkt nicht, ich sei gekommen, das Gesetz oder die Propheten aufzuheben. Ich bin nicht gekommen aufzuheben, sondern zu erfüllen ... (Mt 5,17).

Ihr habt gehört, daß gesagt wurde: Du sollst nicht töten! (Ex 20,13; Dt 5,17). Wer tötet, wird dem Gericht verfallen sein. Ich aber sage euch: Jeder, der seinem Bruder zürnt, wird dem Gericht verfallen sein. Wer zu seinem Bruder sagt: Du Tor! wird dem hohen Rat verfallen sein; wer sagt: Du Narr! wird der Feuerhölle verfallen sein.

Ihr habt gehört, daß gesagt wurde: Du sollst nicht ehebrechen! (Ex 20,14; Dt 5,18). Ich aber sage euch: Ein jeder, der eine Frau anblickt mit einer begehrlichen Absicht, hat schon die Ehe mit ihr gebrochen in seinem Herzen.
Wenn dir dein rechtes Auge zum Ärgernis wird,

so reiß es aus und wirf es von dir; denn es ist besser für dich, daß eines deiner Glieder verloren gehe, als daß dein ganzer Leib in die Hölle geworfen werde. Wenn dir deine rechte Hand zum Ärgernis wird, so hau sie ab und wirf sie von dir; denn es ist besser für dich, daß eines deiner Glieder verloren gehe, als daß dein ganzer Leib in die Hölle fahre.

Es wurde euch gesagt: Wer seine Frau entläßt, gebe ihr einen Scheidebrief (Dt 24,1). Ich aber sage euch: Ein jeder, der seine Frau entläßt – nicht kommt in Frage Begründung mit Unzucht (Dt 24,1) – macht sie zur Ehebrecherin, und wer eine Entlassene heiratet, bricht die Ehe.

Wiederum habt ihr gehört, daß gesagt wurde zu den Alten: Du sollst nicht falsch schwören (Lev 19,12); Du sollst dem Herrn deine Schwüre halten (Num 30,3; Dt 23,22). Ich aber sage euch: Schwört überhaupt nicht, auch nicht beim Himmel, denn er ist der Thron Gottes, auch nicht bei der Erde, denn sie ist der Schemel seiner Füße (Is 66,1), auch nicht bei Jerusalem, denn es ist die Stadt des großen Königs (Ps 48,3). Auch nicht bei deinem Haupte sollst du schwören, weil du nicht ein einziges Haar weiß machen kannst oder schwarz. Es sei euer Ja ein Ja, euer Nein ein Nein. Was darüber hinausgeht, ist vom Bösen.

Ihr habt gehört, daß gesagt wurde: Aug um Aug, Zahn um Zahn (Ex 21,24; Dt 19,21). Ich aber sage euch: Streitet nicht mit dem Bösen, sondern wer dich auf die rechte Wange schlägt, dem halte auch die andere hin! Und wer dich vor Gericht bringen und deinen Leibrock nehmen will, dem gib auch deinen Mantel! [41] *Und wer dich nötigt zu einer einzigen Meile, mit dem gehe zwei! Wer dich bittet, dem gib, und wer von dir borgen will, den weise nicht ab!*

Ihr habt gehört, daß gesagt wurde: Du sollst deinen Nächsten lieben (Lev 19,18) und deinen Feind hassen. Ich aber sage euch: Liebet eure Feinde [tut Gutes denen, die euch hassen,] und betet für sie, die euch verfolgen [und verleumden], auf daß ihr Kinder eures Vaters im Himmel werdet; denn er läßt seine Sonne aufgehen über Böse und Gute und läßt regnen über Gerechte und Ungerechte.
Denn wenn ihr die liebt, die euch lieben, welchen Lohn habt ihr? Tun nicht auch die Zöllner das Gleiche? Und wenn ihr nur eure Brüder grüßt, was tut ihr da Besonderes? Tun nicht auch die Heiden das gleiche? Seid also vollkommen, wie euer Vater im Himmel vollkommen ist! (Mt 5,21-48).

Das Gericht für den, der auf seinen Bruder zornig ist; das rechte Auge ausreißen und die rechte Hand abhacken, wenn es um die Heiligkeit der Ehe geht; dem auch noch die andere Wange hinhalten, der einen auf die rechte schlägt, das klingt nicht mehr nach einem sympathischen Anwalt für das eigene Gefühl. Das *macht einfach ratlos* oder *neurotisch!* Denn, was hier verlangt wird – Verbot des Zorns und des sexuellen Begehrens, Sympathie für die Unsympathischen – ist nichts anderes als Unterdrückung der Gefühle. Die verdrängten Triebregungen sind nämlich nicht aus der Welt geschafft, sondern melden sich meist zu unrechter Zeit als Angst, als Fehlhandlungen, als Überempfindlichkeit, als Überspanntheit und Gereiztheit und in verschiedenen anderen psychischen und körperlichen Symptomen wieder. Um die Triebregungen niederzuhalten, braucht es sogar eine

gewaltige Kraft, die dann für die Bewältigung des Lebens fehlt; das bedeutet, daß man bei der Arbeit schnell ermüdet, daß man zu einer erfüllenden, dauerhaften Beziehung nicht fähig ist.
Auf derselben Linie liegt der schon angeführte Spruch von der Selbstverleugnung (Mt 16,24). Hier werden Forderungen gestellt, die dem natürlichen Gefühl total entgegenstehen und jene Vorwürfe zu bestätigen scheinen, das Christentum sei von seinem Grund her lebensfeindlich und überfordere den gewöhnlichen Menschen.
Wie kann man die Sätze von der Selbstverleugnung und vom Kreuztragen zusammenbringen mit jener Einladung Jesu, mit der er alle zu sich ruft, die unter Mühen und Lasten stöhnen? Ist sein Joch wirklich sanft und seine Last leicht, wenn man auch die lieben soll, die einem Unrecht tun? (vgl. Mt 5,38-48)

Muß man Gefühle unterdrücken?

Wir kommen der Wahrheit seines Auftrags nur dann näher, wenn wir beide Aussagereihen in ihrer Radikalität und Wucht nicht abschwächen, sondern einfach so stehen lassen. Gerade die Paradoxie, das Gegensätzliche, ist ein Zeichen für Transzendenz, mehr, als wenn alles glatt aufgeht.
Jesus hat nicht nur das äußere Tun, sondern auch die Gefühle des Zorns und der Begierden verurteilt. Die Frage ist: Wie können wir diese Antriebe – Aggression und Sexualität – im Sinne Jesu so verändern, daß sie nicht mehr zum Schaden für uns selbst und für andere, sondern zum Glück werden?
Genügt die Absicht, sie zu beherrschen, weil es Jesus sagt?

Es hat sicher viele Versuche gegeben, mit gutem Willen das Wort von der Selbstverleugnung ernst zu nehmen und die elementaren Antriebe im Zaum zu halten. Guten Willen sollte man nicht gering schätzen. Aber ist daraus auf breiter Ebene jene christliche Gemeinde geworden, deren Mitglieder einander verstehen; wo es Neid, Zwietracht und Haß nicht gibt; wo Eheleute in tiefer Verbundenheit und in Frieden miteinander leben; vor allem: wo das Eigentum gerecht verteilt wird? Man muß zugeben, daß dies nur teilweise gelungen ist, daß es auch im christlichen Raum ganz *bitterböse Konflikte* gab und gibt, daß sich christliche Eheleute genauso schwer miteinander tun wie nichtchristliche und daß das Problem des Eigentums in keiner Weise gelöst ist.

Die Kritik am gelebten Christentum gipfelt noch einmal in dem Vorwurf, daß das kirchliche Milieu zu eng sei, daß es keine oder zu wenig geistige und emotionale Weite atme; eher seien dort Ängstlichkeit, Unmündigkeit, Gefühlsarmut anzutreffen. Um es auf einen Nenner zu bringen: Im kirchlichen Raum sind eigenes Denken und eigene Gefühle verpönt, wenn nicht verboten; es ist nicht weit her mit Freiheit und Liebe!

Dem Schriftsteller Heinrich Böll wird das Wort nachgesagt: „Die Kinder dieser Welt sind herzlicher als die Kinder des Lichts." Und dies nicht etwa deshalb, weil man die Gebote Jesu vergessen hat, sondern weil man versucht, sie zu befolgen! Gewiß, nicht jede Kritik ist berechtigt, sie kommt meist aus enttäuschter Liebe. Aber eines ist sicher: Wenn wir in den Aussagen Jesu nur *Handlungsanweisungen* sehen und diese mit gutem, ja mit bestem Willen zu befolgen versuchen, kommen wir nie zu dem, was Jesus gemeint hat; denn die Absicht Jesu ist es, daß sich *Gefühle* und

Antriebe wandeln, daß wir von selbst, von innen her, spontan gut zueinander sind; daß das *leicht* und *wie von selbst* geht; er möchte, daß wir herzlicher werden; denn schließlich ist es ihm – wie alle Exegeten meinen – um das Herz zu tun. Und dies erreichen wir nie, wenn wir seine Lehre nur als ethische Norm betrachten, der wir mit viel Mühe und Anstrengung hinterher jagen. Wir werden im Gegenteil neurotisch, wenn wir sie wörtlich nehmen. Wir würden damit unsere Gefühle nur unterdrücken.

Das Problem besteht darin, daß wir nicht so können, wie wir wollen, weil wir durch unsere Geschichte geprägt sind. Für jeden ist ein Rahmen des Erlebens und Verhaltens abgesteckt, über den er mit bloßer Anstrengung nicht hinaus kann. Es gibt emotionale Verwicklungen, die unser Glück oder Unglück bestimmen.

Ein Beispiel:
Da ist eine Frau, verheiratet mit einem Mann, zu dem das Gefühl erstorben ist. Mit ihm hat sie zwei Kinder; ihre eigentliche große Liebe gehört einem anderen, der ebenfalls verheiratet ist und zwei Kinder hat. Aus Rücksicht auf die Kinder lehnen beide eine Scheidung ab, können aber nicht zurück. Eigentlich müßte man ihnen hier das Wort vom „Auge –, d.h. vom Gefühl – Ausreißen" entgegenhalten. Würden damit, selbst wenn sie es fertigbrächten, die Probleme gelöst, d.h. das Glück wieder hergestellt?

Warum wählt das Unbewußte eines Menschen eine solche Konstellation, warum nicht Eindeutigkeit?

Die wenigsten haben sich komplizierte Situationen absichtlich ausgesucht, sondern sie merken ganz plötzlich, daß sie mittendrin stecken.

Es läßt sich beobachten, daß vielfach auch eine zweite oder dritte Verbindung scheitert, einfach deshalb, weil die Prägungen der Lebensgeschichte den Ablauf der Emotionen bestimmen. „Beim nächsten Mann wird alles besser"[23] ist der Titel eines Buches, welches die Problematik eines neuen Versuchs zur Partnerschaft aufzeigt. Wenn sich die betroffenen Personen nicht selbst ändern, wird wahrscheinlich gar nichts anders, und das Verhängnis nimmt wiederum seinen Lauf.

Damit soll gesagt sein, daß wir Bedingungen unseres Handelns ausgesetzt sind, ohne deren Berücksichtigung und Veränderung unsere Bemühungen, im Sinne Jesu zu leben, immer scheitern werden. Was wir in der Psychologie das Unbewußte, den Schatten, emotionale Verwicklungen und frühkindliche Prägungen nennen, das trifft der Sache nach in etwa das, was in der Hl. Schrift „Sünde" genannt wird.

Nun ist eine der zentralen Aussagen des Neuen Testaments, daß Jesus Sünden vergeben und uns alle erlöst hat. Wenn diese Botschaft einmal so befreiend und frohmachend war, dann muß darin die Erlösung der Gefühle mit eingeschlossen gewesen sein.

Die Erlösung der Gefühle

Hier sollten wir noch einmal auf die psychologische Ebene kommen, die uns sagt: Es gibt eine Beherrschung und Unterdrückung der Gefühle durch den Willen – und eine Erlösung der Gefühle. Das erste bedeutet Kraftanstrengung, indem wir uns an einem hohen Ideal ausrichten. Das zweite ist ein inneres Geschehen, ein Prozeß der Ganzwerdung und Heilung. Beim ersten Versuch wird das Problem nicht gelöst; der Zorn wird zu gegebener Zeit doch wieder durchbrechen, oder wir bekommen Magen-, Herz- oder Leberbeschwerden. Das Eheglück wird durch den bloßen Vorsatz, nicht mehr zu streiten, noch lange nicht einkehren.

Gefühle des Zornes und unrechtmäßige Begierden kommen erst dann zur Ruhe, wenn sich die innere Spannung löst. Dies geschieht, wenn wir uns zutiefst verstanden und angenommen wissen, wenn wir unsere Verletzungen und beschämenden Erfahrungen aussprechen können; ganz allgemein, wenn wir uns durch ein tieferes Erleben ergreifen lassen, in dem wir uns selbst mehr spüren und der alte Spannungszustand abfällt.

Dadurch stellt sich ein Gefühl des Ganz-bei-sich-seins, der Harmonie und des Friedens ein. Alte Konflikte werden allmählich bedeutungslos, wenn uns etwas Wichtigeres beschäftigt.

Das erlösende Erleben kann sich in einer gelingenden menschlichen Begegnung oder auch in einer spirituellen Erfahrung oder in beidem zugleich ereignen.

Wie war das bei Jesus?

Kommen wir auf die zu Beginn erwähnte Erzählung von Jesus und der Sünderin zurück (Lk 7,36-50). Es wird gesagt, daß sie von rückwärts an ihn herantrat, seine Füße mit ihren Tränen benetzte, sie mit den Haaren ihres Hauptes trocknete, seine Füße küßte und mit Öl salbte.

Es ist anzunehmen, daß diese Frau Jesus schon vorher begegnet war, vielleicht auch nur durch Augenkontakt. Man darf vermuten, daß der Blick Jesu sie wie ein Blitz getroffen hat; daß sie durchflutet wurde von innerer Wärme und von Licht, daß das Empfinden aufkam: jetzt ist alles gut. Das ist eine Vermutung; aber die Stimmung von übergroßer Dankbarkeit, in der sie sich trotz der bösen Blicke der Gäste Jesus näherte, muß ja einen Grund gehabt haben. Weiter wird gesagt, daß sie weinte. Gewöhnlich wird dieses Weinen als Reue über ihre Sünden gedeutet. Wahrscheinlicher ist, daß es eine innere Erschütterung war, die sich in der Nähe Jesu ereignete. Im Weinen löste sich die Spannung ihres bisherigen so schwierigen und verworrenen Lebens. Es mögen sich wohl Gefühle des Leidens an ihrer Einsamkeit und Demütigung mit denen des Glücks vermischt haben. Tränen können auch Zeichen der Freude sein. Was in dieser Perikope erzählt wird, ist die Geschichte einer Wandlung. Jesus hat durch die Kraft seines Wesens Menschen von innen her verändert – gewiß nicht alle, wohl aber die, welche sich auf ihn einließen. Er hat ihnen einen Erlebnisraum erschlossen, in dem sie seine Gebote auch halten konnten.

Deshalb paßt zu diesem Thema noch gut die Erzählung vom Zöllner Zachäus (Lk 19,1–10).

Dieser Mann, in Jericho als Geizhals und Ausbeuter verrufen, war neugierig auf Jesus. Jesus hat seine Neugierde als Funken einer Begegnung erkannt und sich bei ihm eingeladen. Das Überraschende ist, daß auch dieser Mann von selbst ein anderer wurde. Die Hälfte seines Vermögens will er nun den Armen geben und unrechtes Gut vierfach erstatten. Dieser Einfall kam ihm ganz spontan, also von innen heraus. Jesus hatte diesbezüglich nichts gesagt, von den Gefahren des Reichtums etwa oder von freiwilligem Verzicht, und doch wußte Zachäus, was zu tun war. Der Grund dafür: mit Jesus war bei ihm die Freude eingekehrt.

Solche Erzählungen zeigen auf, daß die beiden Seiten Jesu, einerseits die Freisetzung der Gefühle und andererseits die hohen Forderungen keine sich ausschließenden Gegensätze sind, sondern daß das eine das andere geradezu bedingt. Aus Freude ist man zu vielem, vor allem zum Guten fähig.

Der Archimedische Punkt

Es gibt einen Punkt in uns, von dem aus sich alles ändern kann; damit meine ich, daß wir aus dem Gefängnis der frühkindlichen Prägungen, des Erbes unserer Ahnen, der emotionalen Verwicklungen unseres Schicksals befreit werden können. Man könnte ihn auch den Archimedischen Punkt unserer Seele nennen – nach dem griechischen Philosophen Archimedes, der gesagt hat: „Gebt mir einen festen Punkt, und ich hebe die Erde aus ihren Angeln." Dieser Punkt liegt im Menschen selbst, in der Tiefe seines Herzens.

Er wird dann erreicht, wenn wir uns auf das einlassen, was für uns bedeutsam ist. Von ihm aus ist die *Neuwerdung eines Menschen* möglich! Er liegt jenseits der magischen Kraft, die uns immer wieder in das alte Loch hineinzieht. In ihm findet sich jene schöpferische Dynamik, die neue Gefühle, neues Erleben, neue Ideen und neue Verhaltensweisen hervorbringt.

Jesus selbst hat aus diesem Punkt gelebt. Das ist es, was mit Nähe zum Vater gemeint ist; die unmittelbare Erfahrung Gottes ist Hintergrund seines Erlebens und Handelns. Es ist die absolute Fülle und Freude, Freiheit und Liebe, die sich verströmen will.

Der Stelle, wo Jesus die einlädt, die unter Mühen und Lasten stöhnen, gehen folgende Worte voraus: „Zu jener Stunde frohlockte d.h. freute sich Jesus im Heiligen Geist und sprach: Ich preise dich Vater, Herr des Himmels und der Erde … Alles ist mir übergeben von meinem Vater. Niemand erkennt, wer der Sohn ist, als der Vater und wer der Vater ist, als der Sohn und wem der Sohn es offenbaren will" (Lk 10,21..22).

Indem Jesus einzigartig bei Gott ist, ist er an dem Archimedischen Punkt, von dem aus er die Welt aus den Angeln heben kann; gemeint ist jene Kraft, wodurch er die Menschen aus den Zwängen und Mechanismen ihres Schicksals zu befreien vermag. Jesus hat eben diesen Punkt in den Menschen berührt, und auf diese Weise hat er sie von ihrer Vergangenheit erlöst. Nach dem Tod Jesu sagte man: Sie wurden getauft auf den Namen Jesu, d.h. in seine Kraft, in seine Atmosphäre, in seinen Geist eingetaucht und von neuem geboren.

Als Beispiel einer solchen Wandlung sei noch einmal der heilige Franziskus zitiert. In seinem Testament schreibt er über sich selbst: „Als ich noch ein Sünder war, kam es mir sehr widerlich vor, Aussätzige zu sehen. Da hat der Herr mich selbst unter sie geführt. Und ich tat an ihnen Barmherzigkeit. Als ich von ihnen ging, wurde mir dasjenige, was mir vorher bitter erschien, in Süßigkeit für Leib und Seele verwandelt. Nachher zögerte ich noch ein wenig, dann verließ ich die Welt"[24].

Der Satz, daß ihn der Herr geführt hat, besagt, daß er die *Nähe Gottes* zutiefst schon in sich spürte, daß er in festem Kontakt war mit diesem Punkt und von dort aus seine Gefühle sich umdrehten. Er bekam die Kraft und den Mut, den engen Rahmen des bürgerlichen Daseins wie den des kirchlichen Lebens zu durchbrechen und für sich eine Lebensweise zu schaffen, die in dieser Form noch nicht da war. Er hatte einen Schlüssel zu den Herzen der Armen und Reichen, der Kleriker wie der Laien. Wohin er kam, wurden Menschen erschüttert und befreit von Haß und Habgier, Begierden und Feindschaft. „Ihn konnte alles zur Liebe anspornen. An allen Werken des Herrn hatte er innige Freude...", berichtet Bonaventura[25].

Die Mystik kann uns weiterhelfen.

Viele werden sich fragen: Ist solch ein Zustand auch für uns heute möglich? Hier kann uns die außerchristliche und christliche Mystik weiterhelfen. Der verstorbene Professor Dürckheim, der in Todtmoos das Zentrum für Initiatische Therapie leitete, spricht von Menschen, die „durch sind". Er meint jenen Zustand, den die Buddhisten „Erleuchtung" nennen. Kennzeichen dieses Durchseins ist: die Freiheit von der Angst vor Sinnlosigkeit, vor Isolierung und vor Vernichtung. Solche Menschen haben den transzendentalen Seelengrund erreicht, der alle innerweltlichen Ängste abfallen läßt. Damit verbindet sich universale Liebe, d.h. die Liebe übersteigt die natürlichen Grenzen von Sympathie und Antipathie, eine Zuneigung, die nicht wieder in Abhängigkeit ausartet. Es öffnet sich die Fülle des überweltlichen Lebens, d.h. ein solcher Mensch ist innerlich so reich, daß er geben kann, ohne zu zählen.

„Durchsein" als Erlebnisqualität und seelischer Zustand bedeutet demnach, daß die Zwänge psychischer Abläufe, der „emotionalen Verwicklungen" von Anziehung und Ablehnung, der blinden Symbiose und Abstoßung, von Sympathie und Antipathie durchbrochen werden. Dieses Ereignis haben wir als Erlösung der Gefühle bezeichnet, als Aufhebung der lebensgeschichtlichen Prägungen. Wer „durch" ist, kann die Forderungen der Bergpredigt erfüllen, und zwar als Konsequenz seines inneren Zustandes. Deshalb kann man die Bergpredigt auch als Ethik der Erleuchteten bezeichnen.

Die Aussage Dürckheims ist insofern tröstlich, als er damit bekennt: es gibt heute Menschen, die dahin gelangt sind; er selbst gehörte dazu. Die ständige Übung des Zen, des Sitzens in der Stille z.B. ist ein Weg zu jenem großen Ziel.

Hinzuzufügen wäre: Was im Zen sich ereignet, muß auch im christlichen Raum möglich sein; nämlich dann, wenn wir dem inneren Geschehen den Vorrang geben vor dem äußeren Machen- und Habenwollen; wenn wir im Sinne Erich Fromms vom Zustand des Habens in den des Seins kommen oder wenn wir mehr auf die Gnade setzen als auf Werke.

Für solche, die an Christus glauben, hängt alles davon ab, inwieweit sie der Kraft Christi als innerer Entwicklungsdynamik, die über die Grenzen ihres kleinen Ichs hinausträgt, trauen und den Anschluß an sie immer neu suchen, wieviel Aufmerksamkeit, Zeit und Mühe sie den seelischen Vorgängen widmen, ob ihnen inneres Wachstum mehr bedeutet als äußerer Erfolg.

Ob christliche Lehre neurotisch oder frei macht, am Leben hindert oder zum Leben befähigt, hängt davon ab, ob wir uns selbst, die anderen Menschen und Jesus verstanden haben.

ANMERKUNGEN

[1] C. G. Jung, GW 11,371
[2] Uwe Henrik Peters, Wörterbuch der Psychiatrie und medizinischen Psychologie, München 1990, Art Selbstverwirklichung
[3] Carl Rogers, Entwicklung der Persönlichkeit, Stuttgart 1976, 183 ff
[4] Eugen Drewermann / Jacques Gaillot „Der Traum von Menschlichkeit" hg. u. übersetzt von Peter Eicher / München 1971
[5] Jacques Gaillot, Paroles sans frontières, Paris 1993
[6] Aus „Bruder Leo und Gefährten erzählen" bei Otto Karrer, Legenden und Laude, Zürich 1975, 193
[6a] ebd., 184
[7] Michael Albus, „Die unbekannte Religion, Auf der Suche nach dem Christentum", Freiburg 1997
[8] Vgl. Warren G. Bennis, Entwicklungsmuster der T – Gruppe, in L. P. Bradford, J. R Gibb und K. D. Benne, Gruppentraining, T – Gruppentheorie und Laboratoriumsmethode, Stuttgart 1972, 270f
[9] C. G. Jung, Zwei Schriften über Analytische Psychologie, GW, Bd. 7,191
[10] ebd.
[11] ebd.
[12] Vgl. 2 Thess, 37; 3 Joh, 1, 11; Eph 5, 1; 1 Thess 2, 14; Heb 6, 12
[13] C. G. Jung, GW, Bd.11, 368
[13a] Lebenden und Lande, 52
[14] Jung, Bd. 11, 368
[15] Legenden und Laude, 177
[16] ebd. 217
[17] C. G. Jung, GW, Bd.8, 300
[18] ders. GW Bd. 11, 368
[19] Nietzsches Werke II hgg. Von Gerhard Lehmann, Stuttgart 1938, 223
[20] Sigmund Freud Studienausgabe Bd. IX, 158
[20a] ebd. 158
[21] ebd. 168
[22] Vgl. Josef Nolte, Die Sache Jesu und die Zukunft der Kirche, in Jesus von Nazareth, Mainz 1972
[23] Eva Heller, Beim nächsten sMann wird alles anders, Ffm 1987
[24] Legenden und Laude, 547
[25] ebd. 318

MÜNSTERSCHWARZACHER KLEINSCHRIFTEN
Schriften zum geistlichen Leben ISSN 0171-6360

1	Grün, A., **Gebet und Selbsterkenntnis**	(1979) 56 S.
2	Doppelfeld, B., **Der Weg zu seinem Zelt**	(1979) 64 S.
3	Ruppert/Grün, **Christus im Bruder**	(1979) 56 S.
4	Hugger, P., **Meine Seele, preise den Herrn**	(1979) 84 S.
5	Louf, A., **Demut und Gehorsam**	(1979) 55 S.
6	Grün, A., **Der Umgang mit dem Bösen**	(1980) 84 S.
7	Grün, A., **Benedikt von Nursia**	(1979) 60 S.
8	Hugger, P., **Ein Psalmenlied, dem Herrn**, Teil 1	(1980) 72 S.
9	Hugger, P., **Ein Psalmenlied, dem Herrn**, Teil 2	(1980) 80 S.
10	Hugger, P., **Ein Psalmenlied, dem Herrn**, Teil 3	(1980) 80 S.
11	Grün, A., **Der Anspruch des Schweigens**	(1980) 72 S.
12	Schellenberger, B., **Einübung ins Spielen**	(1980) 52 S.
13	Grün, A., **Lebensmitte als geistliche Aufgabe**	(1980) 60 S.
14	Doppelfeld, B., **Höre – nimm an – erfülle**	(1981) 68 S.
15	Friedmann, E., **Mönche mitten in der Welt**	(1981) 76 S.
16	Grün, A., **Sehnsucht nach Gott**	(1982) 64 S.
17	Ruppert/Grün, **Bete und arbeite**	(1982) 80 S.
18	Lafrance, J., **Der Schrei des Gebetes**	(1983) 64 S.
19	Grün, A., **Einreden**	(1983) 78 S.
22	Grün, A., **Auf dem Wege**	(1983) 72 S.
23	Grün, A., **Fasten – Beten mit Leib und Seele**	(1984) 76 S.
25	Kreppold, G., **Die Bibel als Heilungsbuch**	(1985) 80 S.
26	Louf/Dufner, **Geistliche Vaterschaft**	(1984) 48 S.
28	Schmidt, M.-W., **Christus finden in den Menschen**	(1985) 48 S.
29	Grün/Reepen, **Heilendes Kirchenjahr**	(1985) 88 S.
30	Durrwell, F.-X., **Eucharistie – das österl. Sakrament**	(1985) 76 S.
31	Doppelfeld, B., **Mission**	(1985) 62 S.
32	Grün, A., **Glauben als Umdeuten**	(1986) 68 S.
36	Grün, A., **Einswerden – Der Weg des hl. Benedikt**	(1986) 80 S.
37	Community, B., **Regel für einen neuen Bruder**	(1986) 48 S.
39	Grün, A., **Dimensionen des Glaubens**	(1987) 80 S.
41	Domek, J., **Gott führt uns hinaus ins Weite**	(1987) 72 S.
44	Grün/Reitz, **Marienfeste**	(1987) 80 S.
46	Grün/Reepen, **Gebetsgebärden**	(1988) 72 S.
47	Kohlhaas, E., **Es singe das Leben**	(1988) 60 S.
50	Grün, A., **Chorgebet und Kontemplation**	(1988) 68 S.
51	Doppelfeld/Stahl, **Mit Maria auf dem Weg d. Glaubens**	(1989) 68 S.
52	Grün, A., **Träume auf dem geistlichen Weg**	(1989) 68 S.
53	Kreppold, G., **Die Bergpredigt**, Teil 1	(1989) 88 S.
54	Kreppold, G., **Die Bergpredigt**, Teil 2	(1989) 72 S.

57	Grün/Dufner, **Gesundheit als geistliche Aufgabe**	(1989)	108 S.
58	Grün, A., **Ehelos – des Lebens wegen**	(1989)	88 S.
59	Staniloae, D., **Gebet und Heiligkeit**	(1990)	48 S.
60	Grün, A., **Gebet als Begegnung**	(1990)	88 S.
61	Doppelfeld, B., **Mission als Austausch**	(1990)	72 S.
62	Abeln/Kner, **Kein Weg im Leben ist vergebens**	(1990)	56 S.
63	Faricy/Wicks, **Jesus betrachten**	(1990)	40 S.
64	Grün, A., **Eucharistie und Selbstwerdung**	(1990)	94 S.
65	Doppelfeld, B., **Ein Gott aller Menschen**	(1991)	80 S.
66	Abeln/Kner, **Wie werde ich fertig mit meinem Alter?**	(1992)	76 S.
67	Grün, A., **Geistl. Begleitung bei den Wüstenvätern**	(1992)	100 S.
68	Grün, A., **Tiefenpsycholog. Schriftauslegung**	(1992)	108 S.
69	Doppelfeld, B., **Symbole,** Teil 1	(1993)	112 S.
70	Doppelfeld, B., **Symbole,** Teil 2	(1993)	100 S.
71	Grün, A., **Bilder von Verwandlung**	(1993)	100 S.
72	Simons, G. F., **Religiöse Erfahrung,** Teil 1	(1993)	100 S.
73	Müller, W., **Meine Seele weint**	(1993)	68 S.
74	McDonnell, K., **Die Flamme neu entfachen**	(1993)	44 S.
75	Alphonso, H., **Die persönliche Erfahrung**	(1993)	70 S.
76	Grün/Riedl, **Mystik und Eros**	(1993)	114 S.
77	Ziegler, G., **Der Weg zur Lebendigkeit**	(1993)	76 S.
78	Doppelfeld, B., **Symbole,** Teil 3	(1993)	88 S.
79	Ruppert, F., **Der Abt als Mensch**	(1993)	48 S.
80	Tiguila, B., **Afrikanische Weisheit**	(1993)	50 S.
81	Grün, A., **Biblische Bilder von Erlösung**	(1993)	102 S.
82	Grün/Dufner, **Spiritualität von unten**	(1994)	108 S.
83	Doppelfeld, B., **Symbole,** Teil 4	(1994)	74 S.
84	Wilde, M., **Ich verstehe dich nicht!**	(1994)	56 S.
85	Abeln/Kner, **Das Kreuz mit dem Kreuz**	(1994)	68 S.
86	Ruppert, F., **Mein Geliebter, die riesigen Berge**	(1995)	85 S.
87	Doppelfeld, B., **Zeugnis und Dialog**	(1995)	92 S.
88	Friedmann, E., **Die Bibel beten**	(1995)	112 S.
89	Müller, W., **Gönne dich dir selbst**	(1995)	74 S.
90	Ruppert, F., **Urwald und Weisheit**	(1995)	72 S.
91	Simons, G. F., **Religiöse Erfahrung,** Teil 2	(1995)	102 S.
92	Grün, A., **Leben aus dem Tod**	(1995)	104 S.
93	Grün, A., **Treue auf dem Weg**	(1995)	116 S.
94	Friedmann, E., **Ordensleben**	(1995)	104 S.
95	Stenger, H., **Gestaltete Zeit**	(1996)	80 S.
96	Doppelfeld, B., **Bleiben**	(1996)	74 S.
97	Schütz, Ch., **Mit den Sinnen glauben**	(1996)	60 S.
98	Johne, K., **Wortgebet und Schweigegebet**	(1996)	100 S.

99 Grün, A., **Das Kreuz**	(1996)	108 S.
100 Grün, A./Seuferling A., **Schöpfungsspiritualität**	(1996)	100 S.
101 Doppelfeld, B., **Lassen**	(1996)	92 S.
102 Grün, A., **Wege zur Freiheit**	(1996)	112 S.
103 Kreppold, G., **Krisen – Wendezeiten im Leben**	(1997)	84 S.
104 Abel, P., **Gemeinsam Gott erfahren**	(1997)	88 S.
105 Schürmann, H., **Das Jesusgebet im Kirchenjahr**	(1997)	88 S.
106 Grün, A., **Exerzitien für den Alltag**	(1997)	100 S.
107 Wiggermann, K., **Das geistliche Wort**	(1997)	82 S.
108 Ruppert, F. / Stüfe, A., **Der Abt als Arzt ...**	(1997)	78 S.
109 Nouwen, H.J.M., **Unser Heiliges Zentrum finden**	(1998)	52 S.
110 Braulik, G., **Biblische Betrachtungen**	(1998)	124 S.
111 Müller, W., **Wenn du ein Herz hast ...**	(1998)	64 S.
112 Kreppold, G., **Selbstverwirklich. od. Selbstverleugn.**	(1998)	90 S.
113 Doppelfeld, B., **Erinnern**	(1998)	84 S.
114 Grün, A., **Zerrissenheit**	(1998)	108 S.
115 Wiggermann, K.-F., **Spiritualität und Melancholie**	(1998)	94 S.
116 Körner, R., **Was ist inneres Beten?**	(1999)	74 S.
117 Kokol, C.C., **Wie bist du, Gott?**	(1999)	62 S.
118 Ziegler G., **Sich selbst wahrnehmen ...**	(1999)	112 S.
119 Abeln R./Kner A., **Sieh auf das, was vor dir liegt**	(1999)	92 S.
120 Grün, A., **Vergib dir selbst!**	(1999)	114 S.
121 Koller, D., **Trinitarisch glauben, beten, denken**	(1999)	72 S.

VIER-TÜRME GMBH – VERLAG
D-97359 Münsterschwarzach Abtei
Telefon 0 93 24 / 20 - 2 92 · Telefax 0 93 24 / 20 - 4 95